L. & L. Hamburger in Frankfurt a. Main.

Münzauction

Juni 1895.

Frankfurt a. M.
Buchdruckerei von Louis Golde.
1895.

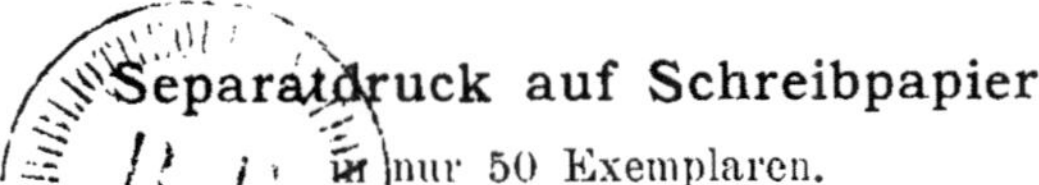

Separatdruck auf Schreibpapier
in nur 50 Exemplaren.

CATALOG

antiker und moderner

Münzen und Medaillen.

Sammlung des Fräulein E. Fay:

Francofurtensien etc.

Bedeutende Spezialsammlung von Münzen

des Elsasses, der Schweiz und der angrenzenden Länder.

Universalsammlung eines böhmischen Amateurs

enthaltend u. A. auch

Serien berühmter Personen, Stücke aus Gelegenheitsmetall

etc.

Dieselben gelangen, nebst der

numismatischen Bibliothek des Herrn G. S. in M.,

am 10. Juni 1895 und folgende Tage

unter Leitung und im Lokale der Herren

L. & L. Hamburger, Experten,

in

Frankfurt a. M., Uhlandstrasse 56,

zur öffentlichen Versteigerung.

Mit 1 Lichtdrucktafel.

Frankfurt a. M.

Buchdruckerei von Louis Golde.

1895.

Der trotz seines geringen Umfanges so reiche Inhalt dieses Catalogs überhebt uns der Pflicht einer längeren Vorrede.

Gestatten wir uns daher nur, kurz zu bemerken, dass die Exemplare dieser uns zum Verkauf anvertrauten Collektionen, in erster Linie aber die reiche Sammlung von Münzen des Elsasses und der angrenzenden Länder, sich meist durch tadellose Erhaltung auszeichnen, die Herrn Sammler übrigens auch diesmal, wie bei allen von uns geleiteten Münzauktionen strengster Gewissenhaftigkeit in Bezug auf die Erhaltungsangaben, wie in jeder anderen Hinsicht, versichert sein dürfen.

Die Medaillen aus Gelegenheitsmetallen sowie die Elsässer haben am Schlusse des Catalogs ihren Platz gefunden.

Frankfurt a. M., im Mai 1895.

L. u. L. Hamburger.

Auctionsbedingungen.

Die Versteigerung beginnt Montag den 10. Juni 1895 präcis $8^3/_4$ Uhr Vormittags und wird an den folgenden Tagen fortgesetzt.

Dieselbe erfolgt gegen Baarzahlung mit dem üblichen Aufgelde von 5%. Gebote können mit mindestens 25 Pf. Steigerung bis Mk. 10. –, mit 50 Pfg. bis Mk. 25.— und von Mk. 25 an mit mindestens Mk. 1.— Steigerung abgegeben werden.

Bei etwaigen durch Doppelgebot sich ergebenden Differenzen der Herren Auctionstheilnehmer wird die betreffende Nummer unter Annullirung des Zuschlags auf's Neue versteigert.

Die Münzen können bis zur Auction in den üblichen Stunden bei uns besichtigt werden.

Zu aller Auskunft und gewissenhafter Besorgung der Ankäufe gegen 5% Provision vom Erstehungspreise sind bereit

L. & L. Hamburger,
Uhlandstrasse 56
in Frankfurt am Main.

Griechen.

1 **Pannonia.** Sehr breiter Goldstater. (26 Mm.) Kopf n. l. mit Lorbeerkr. u. unförmigem Kopfschmuck, ähnlich einem Pfauenrad. Rv. Reiter n. l., unten: grosser Seestern. S. g. e.

2 Halbstater. Electron. Unförmiger Kopf. Rv. Bogen mit grosser Sehne. Gut erh.

3 Sehr schöne Tetradrachme, Typus Phil. II. v. Maced. — u. eine rohere m. Reiter n. l.

4 **Italien.** Schwerer Quadrans. Januskopf mit Pileus. Rv. Keule, zwischen :—. Im Felde Stadtname in oskischer Schrift. $36^1/_2$ Gr. G. e.

5 **Campanien. Cales.** 2 Didrachmen. Pallaskopf n. r. u. n. links. Rv. Quadriga. Gut erh.

6 **Cumae.** Didrachme. Frauenkopf m. Coiffure n. r. Rv. KVMAION (rückläufig). Muschel u. Gerstenkorn. S. g. e.

7 Obol. Pallaskopf n. r. Rv. KV Muschel. S. g. e.

8 **Hyrina.** Didrachme. Junokopf v. vorn. Rv. Minotaur n. r. G. e.

9 **Suessa.** Didrachme. Frauenkopf n. r. Rv. Reiter mit 2 Pferden n. l.

10 **Calabria. Tarent.** Schöne Didrachme mit Taras auf Delphin. Rv. Geflügeltes Seepferd.

11 3 versch. Drachmen mit Pallaskopf n. r. u. n. l. Rv. Eule. Gut erh. — u. 3 versch. Campan. Obole.

12 **Lucania. Metapont.** Didrachme erster Periode. Ähre erhaben. Rv. Ähre incus. S. g. e.

13 **Posidonia.** Didrachme. Neptun stehend. Rv. Ochse n. l. schreitend. S. g. e. — Dgl. m. d. Ochsen n. rechts. Gut erh. — u. Obol v. ähnl. Typus. 3 St.

14 **Sybaris.** Diobol. Pallaskopf n. r. Rv. ΣΥΒΑ Ochse n. r., rückwärts blickend. Gut erh.

15 **Velia.** 4 versch. Didrachmen. Pallaskopf n. r. u. n. l. Rv. Löwe in versch. Stellung. G. u. s. g. e.

16 **Bruttium.** Hemidr. Pallask. n. r. Rv. Adler mit entfalteten Flügeln n. l. stehend. S. g. e.

17 **Croton.** 4 Didrachmen, jede v. anderem Dreifuss-Typus. G. u. s. g. e.

18 Hemidr. Herculesk. u. Dreifuss. — Diobol. Dreifuss u. Polyp u. dgl. Dreifuss u. Pegasus. G. e.

19 **Locri.** Didrachme. ΛΟΚΡΩΝ. Jupiterkopf. Rv. Adler, einen Hasen verschlingend. S. g. e.

20 **Rhegium.** Tetradrachme. PHΓΙΝΩΝ (n. aussen). Apollokopf n. l. Rv. Sehr erhabener Löwenkopf v. vorn. S. g. e.

21 Hemidrachme. Löwenkopf v. vorn. Rv. Jupiter sitzend, v. Kranz umgeben. Gut erh.

22 **Terina**. Hemidr. ΤΕΡΙΝΑΙΩΝ Frauenkopf n. l. Rv. Sitz. Nike. Gut erh. — u. ähnl. mit Kopf n. r.

23 2 ähnliche Hemidrachmen m. Kopf n. r. u. 2 Obole m. Kopf n. r. u. n. l. G. e.

24 15 Kupfermünzen v. Orra, Arpi, Posidonia, Hyrina, Rhegium u. Valentia. Fast alle versch.

25 **Sicilien**. **Agrigent**. 2 Didrachmen, versch. Grösse. Adler n. r. u. n. l., bei Letzterer: Helm unter d. Krebs.

26 Aehnl. Tetradr. Z. g. e. — u. 2 versch. Hemidr. Adler n. r. u. n. l., Hasen zerreissend. S. g. e.

27 **Catana**. Tetradrachme. ΚΑΤΑΝΑΙΟΝ. Apollokopf n. r. Rv. Biga. G. e.

28 **Gelas**. Tetradrachme. ΓΕΛΑΣ. Halber Stier mit Menschenantlitz n. r. Rv. Biga. Vorz. erh.

29 Desgl., der Name unten. Im Rv.-Abschnitt: Storch. G. e.

30 Didrachme. Aehnl. Av. Rv. Reiter. S. g. e. — u. ähnl. schöner Obol.

31 **Himera**. Didrachme. Hahn mit aufrechtsteh. Kamm. Rv. Krebs. S. g. e.

32 **Leontini**. Tetradr. Apollokopf n. r. Rv. Löwenkopf zw. 4 Gerstenkörnern. Schön.

33 **Messana**. Tetradr. MESSENION. Hase n. r., v. Pfeil durchbohrt, darunter: Lorbeerblatt. Rv. Wagen mit einem Pferd n. r., das Pferd v. Nike bekränzt. Gut erh.

34 Dgl. mit ΜΕΣΣ-ΑΝΙΟΝ rückläufig, ohne d. Pfeil; im Rv. unten Blatt. S. g. e.

35 Desgl. ΜΕΣΣΑΝΙΟΝ. Hase n. l., darunter Frauenkopf n. links. Rv. Biga n. links, d. Führer v. Nike gekrönt, im Abschn.: 2 Fische. Schön.

36 Obol. Hase, unten Muschel. Rev. ΜΕΣ im Kranz — u. ebenso mit N st. Muschel. Gut erh.

37 **Naxos**. Schöne Tetradrachme. Bärtiger, ephenbekränzter Bacchuskopf n. r. Rv. NAXION Kauernden Silen v. vorn, links blickend, Vase haltend.

38 Drachme von gleichem Typus — u. Obol m. Bacchuskopf u. Traube. Gut erh.

39 **Panormus**. Doppelstater. Cereskopf n. links. Rv. Pferd n. r., darüber: Diskus mit 2 Handhaben. S. g. e.

40 Aehnlicher einfacher Electron-Stater (ohne d. Diskus oben). S. g. e.

41 Tetradrachme. מח־נת Palmbaum. Rv. קרת חדשת Vordertheil eines galoppirenden Pferdes n. r., v. Nike gekrönt. Gut erh.

42 Desgl. Cereskopf n. l. Rv. ב Pferdekopf n. l., rechts: Palme. G. e.

43 2 schöne Hemidrachmen. Cereskopf n. l. Rv. Pferd n. r. — u. Obol m. Palmbaum u. Pferdekopf.

44 **Segeste**. Didrachme. Frauenkopf n. r., v. Kreis umgeben. Rv. Hund n. l. 2 Ex., Coiffure verschieden u. dgl. mit Frauenkopf n. links u. rückläufigem Stadtnamen. G. e.

45 **Selinus**. Tetradr. Apollo n. l., opfernd; unter d. Altar: Hahn; rechts: Ochse. Rv. Diana in Zweigespann n. r. Oben: Kranz. Im Abschn.: Gerstenkorn. Sehr gut erh.

46 **Syracus**. 1/4 Stater, Electron. Apollokopf n. l. Rv. Leier. G. e.

47 Silbermedon (Octodrachme). Erhabener Cereskopf n. l., zw. Fischen. Rv. Viergespann n. l., darüber flieg. Nike; im Abschnitt: Helm, Kürass u. a. Waffen. S. g. e.

48 Schöne Tetradrachme. ΣΥΡΑΚΟΣΙΟΝ. Kopf m. reicher Coiffure n. r. Rv. Biga n. r., darüber Nike.

49 2 versch. dgl. Reicher Haarschmuck n. hinten, der v. Bändern gehalten wird. G. e.

50 4 versch. Tetradrachmen, minderer Erh.

51 Tetradrachme m. Kopf n. links, Coiffure v. besonderer Form m. breitem Kopfschmuck zw. 4 Fischen, unten Marke des Graveurs Eumenes. Rv. Quadriga n. r., darüber Nike u. ein Täfelchen. Im Abschn.: 2 Delphine. Gut erh.

52 Didr. Pallask n. r.; hinten: Vase. Rv. ΣΥΡΑ Pegasus; oben: Dreibein. Gut erh.

53 Drachme. Frauenkopf v. vorn, zw. 4 Fischen. Rv. Kämpf. Krieger — u. 2 Obole mit d. Polyp.

54 König **Agathokles**. Tetradrachme. ΚΟΡΑΣ Cereskopf n. r. Rv. ΑΓΑΘΟΚΛΕΩΣ. Nike, ein Trophäon bekränzend. S. g. e.

55 König **Hieronymus**. 215—14. Didrachme. Sein Kopf n. l. Rv. Blitz. Im Felde: ΑΙ. Gut erh.

56 Königin **Philistis**. Schöne Tetradrachme. Verschleierter Kopf n. l. Rv. ΒΑΣΙΛΙΣΣΑΣ ΦΙΛΙΣΤΙΔΟΣ. Viergespann n. r. im Schritt; im Felde: Φ.

57 12 Kupfermünzen v. Agrigent, Palermo u. v. anderen Sicil. Städten.

58 **Moesien. Istrus**. 2 Didr. 2 Köpfe in entgegenges. Richtung. Rv. Adler auf Delphin.

59 **Thracien. Abdera**. Hemidr. Greif. Rv. 3 Aehren im Quadrat. Z. g. e.

60 **Byzanz**. Didr. Kuh. Rv. incus — u. 2 versch. Hemidr. v. **Cherronesos**. Gut erh.

61 **Cossaea. Brutus**. Goldstater. 3 Lictoren, vorn; Mon. BR. Rv. Adler mit Kranz. S. g. e.

62 **Mesembria**. Schöne Silbermze. Helm v. vorn. Rv. Μ — Ε — Τ — Α. in d. Speichen eines Rades.

63 Insel **Thasos**. Didrachme. Satyr, eine Frau umarmend. Rv. incus. S. g. e.

64 Hemidr. Bacchuskopf. Rv. Keule — u. 2 versch. Diobole. Knieender Satyr. Rv. Vase. G. e.

65 König **Lysimachus**. Goldstater. Kopf n. r. Rv. Sitz. Pallas n. l., unten Dreizack. S. g. e.

66 Tetradr., guter Styl. Mzz. HP — Drachme. Mzz. Panthervordertheil — u. 3 versch. Kupferm.

67 **Paeonien. Audoleon**. Hemidr. Beh. Kopf v. vorn. Rv. Halbes Pferd n. r. Gut erh.

68 **Macedonien**. Hemidr. Frauenkopf n. r. Rv. ΜΑΚΕ-ΔΟΝΩΝ. Schiffsschnabel. S. g. e.

69 **Chalcis**. Tetradrachme. Apollokopf n. r. Rv. ΧΑΛ-ΚΙΔ-ΕΩΝ. Leier. S. g. e.

70 **Eion**. Obol mit d. Schwan — u. 2 desgl. v. **Lete**. Knieender Satyr. Alle Rv. incus. S. g. e.

71 **Neapolis**. Tetradrachme ältester Zeit. Maske v. vorn. die Zunge herausgestreckt. Rv. Viereck in 4 incusen Theilen. S. g. e.

72 **Macedonien** als röm. Provinz. Tetradr. Dianakopf. Rv. Keule im Eichenkranz. Gel. Gut erh.

73 König **Perdiccas II**. Hemidr. Pferd n. r. stehend. Rv. Helm im Quadrat. S. g. e.

74 **Philipp II**. Goldstater. Kopf n. r. Rv. Biga n. r. Mzz. Blitz u. Σ. Gut erh.

75 Tetradr., ausgez. schön. Beiders. sehr erhabene Präge u. feiner Styl. Mzz. Stern.

76 Desgl. Im Av. voller Grenetis. Der Reiter n. links. Mzz. Mon. ΚΦ, Α u Fackel. Gut erh.
77 **Alexander d. Grosse.** Goldstater. Vor d. Nike: Π. Gut erh.
78 Tetradr. in Salambria geprägt. Vor d. Jupiter: Steh. Hahn. Müll. 392. S. g. e. — u. dgl. mit Α. Fackel u. Stern, in Amphipolis gepr., schön.
79 **Philipp III.** Tetradr. nach Typus Alexanders. Unter d. Sitze ΑΓ (Lycia). Gut erh.
80 Desgl. mit ΚΓ unter d. Thron Jupiters u. Helioskopf im Felde. S. g. e.
81 2 versch. Drachmen. Mzz.: Mon ΠΑ — und Schlange u. Α im Kreis. S. g. e.
82 **Antigonus Gonatas.** Tetradrachme. Sein Kopf m. Horn n. Pedum n. links, in der Mitte eines Macedon. Schildes. Rv. ΒΑΣΙΛΕΩΣ ΑΝΤΙΓΟΝΟΥ Kämpfende Pallas n. l. S. g. e.
83 **Philipp V.** Drachme. Sein Kopf m. Diadem n. r. Rv. ΒΑΣΙΛΕΩΣ ΦΙΛΙΠΠΟΥ Keule im Eichenkranz. Im Felde 3 Monogr. S. g. e.
84 Schöne Kupferm. v. König Amyntas mit d. Adler, dgl. v. Alex. Aegus mit d. Reiter — u. 13 Macedon. Kupferm. v. Amphipolis, Philippi, Urianopolis u. A.
85 **Illyrien.** 2 Drachmen v. **Apollonia** u. 7 v. **Dyrrhachium.** Alle versch. Magistrate u. schön.
86 Desgl. v. Magistr. ΞΕΝΩΝ mit incusem Rv. — u. ähnl. Hemidrachme mit halber Kuh. Gut erh.
87 **Thessalien.** 3 schöne Didr. mit Jupiterkopf u. kämpf. Pallas. Versch. Magistratsnamen.
88 Drachme. Apollokopf n. r. Rv. Pallas kämpfend. 2 versch. Ex. S. g. e.
89 **Larissa.** Didr. ΛΑΡ-ΙΣΑΙ. Pferd n. r. Rv. Mann, einen Stier bändigend. Ausgez. schön.
90 **Pharcadon.** Hemidr. mit halbem Pferd, schön — u. ähnlich v. **Tricca,** gel., s. g. e.
91 **Pharsalus.** Hemidrachme. Pallaskopf. Rv. ΦΑ-Ρ-Σ-Α Pferdekopf n. r. Sehr gut erh.
92 **Epirus.** Schöne Drachme. Jupiter- u. Junokopf übereinander. Rv. ΑΠΕΙΡΩΤΑΝ Blitz im Kranz.
93 Insel **Corfu.** Didr. Bacchuskopf n. r. Rv. Pegasus auf Schiffschn., Mon. ΚΟΡ u. ΑΚΡ. Gut erh.
94 **Acarnanien. Leucas.** 2 versch. Silberstater mit ΛΕΥ, u. 4 verschiedene mit Λ. Alle schön.
95 **Locri-Opuntii.** Tetradr. Cereskopf. Rv. Kämpf. Ajax — nebst 2 ähnl. Hemidrachmen u. Obol mit Vase u. Stern. 4 St. G. e.
96 **Boeotien.** 2 Hemidr. mit Β-Ο u. ΒΟ-ΙΩ u. desgl. v. **Thebae** mit Θ-ΕΒ — sowie schöner Obol v. **Erythrae.** Pferd n. l., v. Läufer gehalten. Rv. Stern.
97 Drachme. Jupiterkopf n. r. Rv. ΒΟΙΩΤΩΝ u. Mon. Nike n. l. S. g. e.
98 **Tanagra.** Tetradrachme. Boeot. Schild. Rv. Τ-Α. Halbes Pferd n. r., darunter Traube. Gut erh.
99 **Attica. Athen.** 4 Tetradrachmen ältester Zeit, die Eule im flachen Felde. S. g. e.
100 Desgl., die Eule in vertieftem Felde. 3 Ex.
101 5 Drachmen von ältestem archaischem Styl; nebst Hemidr., Obol u. 1/4 Obol v. gl. Typus m. d. Eule.
102 Insel **Aegina.** Tetradr. Schildkröte. Rv. Fünftheiliges incuses Viereck. Schön.

103 **Achaia. Corinth.** 6 versch. Silberstater, 2 versch. Hemidr. u. Obol mit beiderseits Pegasus. G. u. s. g. e.

103bis M. Aurel. M. Br. Rv. Melicertes auf Delphin in einem Tempel zw. 2 Bäumen. Vgl. C. 1130. S. g. e.

104 2 autonome Kupferm. u. 4 versch. Kaiserliche d. Colonie, dabei Jul. Domna mit S . M . N . T . C.

105 **Patrae.** Hemidr. Venuskopf. Rv. ΔΑΜΑCΙΑC u. Monogr. im Kranze. S. g. e.

106 **Achäischer Städtebund.** 11 versch. Hemidr. Jupiterkopf. Rv. XA u. Monogr. d. Städte im Kranz. S. g. e.

107 **Elis.** Drachme. Adler, Hase im Schnabel, n. r. Rv. F-A. Blitz. S. g. e.

108 Schöne Hemidrachme. Jupiterkopf n. r. Rv. F-A. Adler auf einem Piedestal n. r.

109 **Messene.** Hemidr. Jupiterkopf. Rv. ΜΕΣ-ΠΟ-ΛΩΝ Adler im Kranz. Gut erh.

110 **Argolis.** 7 Hemidr. Halber Wolf. Rv. **A** u. versch. Magistr.-Namen.

111 Insel **Creta. Cydonia.** Drachme. Frauenkopf n. l. Rv. ΚΥΔ. Bogenschütze. G. e.

112 **Gortyna.** Tetradrachme. Junges Mädchen auf einem Baum. Rv. Stier n. r., rückwärtsblickend. S. g. e.

113 Aehnliche Tetradr., aber d. Stier hat d. Kopf n. unten gewandt. Gut erh.

114 **Polyrhenium.** Hemidrachme. Dianakopf. Rv. Stierkopf v. vorn. S. g. e.

115 8 schöne Kupferm. v. **Axus** u. 6 Creter Kupferm. v. Hierapytna, Aptera, Thalassa etc.

116 Insel **Euboea. Chalcis.** 2 Drachmen versch. Grösse, u. 3 sch. Hemidr. v. **Hestiäe.**

117 Insel **Cea.** Schöne Hemidrachme. Traube (s. erhaben). Rv. Vertieftes Viereck. S. g. e.

118 **Mysien.** 2 Hemidr. v. **Parium** — nebst 2 Hemidr. v. **Colchis** mit d. Widderkopf. Gut erh.

119 **Cycicus.** Goldhekta. Pallaskopf n. l. Rv. Incuses viergeth. Quadrat. S. g. e.

120 **Bithynien. Cius.** Schöne Hemidr. ΚΙΑ. Apollokopf. Rv. ΜΙΛΗΤΟΣ. Prora.

121 2 Kupferm. v. König **Prusias II.**, versch. Typen s. g. e. — u. 2 desgl. m. d. Schlange der Könige v. **Pergamus.**

122 Insel **Tenedos.** Tetradrachme. Bärtiger- u. Frauenkopf, in Form des Januskopfes. Rv. ΤΕΝΕΔΙΩΝ. Doppelaxt. Stark oxydirt, sonst g. e.

123 Insel **Lesbos. Mytilene.** Bronzemedaillon. Kopf v. Verus. Rv. Aurel u. Verus bei einem Trophäon, an dessen Fuss: Gefangener. G. e.

124 **Jonien. Clazomene.** Schöne Hemidr. Apollokopf v. vorn. Rv. Schwan, sich putzend.

125 **Ephesus.** Schöne Didrachme. Dianakopf n. r. Rv. ΣΚΟΠΑΔΗΣ. Halber Hirsch, rückblickend.

126 **Milet.** Didr. mit Löwen, Stern anblickend: ähnl. Drachme. Hemidr. u. Obol m. d. Stern. S. g. e.

127 Insel **Chios.** Aelteste Didr. Sphinx n. l. Rv. Incuses Quadrat: u. ähnl. Drachme. S. g. e.

128 Insel **Samos.** Drachme. Löwenkopf v. vorn. Rv. Halber Stier n. r. S. g. e.

129 **Icarien. Oenae.** Kupfermze. Frauenkopf. Rv. ΟΙΝΑΙΩΝ. Traube. S. g. e.

130 **Caria. Cnidus.** Didrachme. Venuskopf in vert. Quadr. Rv. Löwenkopf — u. ähnl. Hemidr. Beide schön.

131 **Nysa. Gordian III.** Gr. Br. Rv. Steh. Luna. Mion. S. VI. 371. 399. Gut erh.

132 **Taba.** Drachme. Herculeskopf im Perlenkreis. Rv. ΑΡΤΕΜΩΝ ΠΑΠΠΟΥ-ΤΑΒΗΝΩΝ. Diana v. Ephesus zw. Sonne u. Mond stehend: rechts ΑΡ. Gut erh.

133 Insel **Cos**. Schöne Hemidr. Aesculap-Kopf n. A. Rv. Schlange u. Stern in vert. Quadrat.

134 Insel **Rhodus**. Tetradrachme. Sonnenkopf v. vorn. Rv. POΔIΩN-AMEINI-AΣ Blume, links: Schiffsschnabel. S. g. e.

135 Aehnl. Didrachme. S. g. e. — schöne Drachme mit Sonnenk. n. r. Mzz. Lanzenspitze — u. Obol m. 2 Blumenknospen.

136 **Lycien. Phaselis**. Schöne Drachme ältester Zeit. Eberkopf. Rv. Vertieftes Quadrat.

137 **Pamphylien. Aspendus**. Tetradr. 2 Ringkämpfer. Rv. Schleuderer u. Dreibein. Gut erh.

138 **Isindus**. Caracalla. Bronzemedon. Rv. Kaiser zu Pferd. Z. g. e. — u. 3 kl. Kupferm. v. **Side**.

139 **Pisidien. Selge**. Tetradr. wie No. 137 mit ΣΕΛΓΕΩΝ u. zw. d. Kämpfern: K.

140 **Antiochia**. Sept. Severus. Bronzemedon. Rv. Steh. Lunus, zw. S—R. Coh. 890. Sehr gut erh.

141 **Cilicia. Olba**. Hohepriester **Ajax**. M. Br. AIANTOΣ TEYKPOY. Dessen Kopf m. Priestermütze n. r.: vorn: Merkurstab. Rv. APXIEPEΩΣ etc. Blitz. M. III. 598. 277. S. schön.

142 **Anazarbus**. Alex. Sever. Bronzemedon. Kopf n. r. Rv. 2 Tempel. M. III. 553. 81. G. e.

143 **Tarsus**. Persischer Satrap. Tetradr. בעל תרז. Jupiter sitzend. Rv. Löwe auf Stier. G. e.

144 Desgl. (Pharnabazi) פרנבזו. Marskopf n. l. Rv. Frauenkopf v. vorn. Vorz. schön.

145 Desgl. Eule. Rv. Seepferd auf Wellen. S. rohe alte Arbeit.

146 2 Bronzemedons v. Julia Domna. Rv. Stadt u. Flussgott — u. v. Gallien. Rv. Steh. Diana. Z. g. u. g. e.

147 **Lydia. Tralles**. Didrachme. Traube auf Weinblatt. Rv. Keule u. Löwenhaut von Kranz umgeben. Vgl. M. S. VII. 461. 658. G. e.

148 Tetradrachme (Zeit d. Krösus). 2 Kalbsköpfe sich anblickend. Rv. Vertieftes Quadr. S. g. e.

149 **Phrygien. Sala**. Antinous. P. Br. Bb. n. r. Rv. Steh. Bacchus. Gel., sonst s. g. e.

150 **Laodicea** (in Gemeinschaft mit **Ephesus**). Commodus. Bronzemedon. Bb. n. r. Rv. Jupiter Philaletes u. Diana v. Ephesus, neben einander stehend: unten OMONOIA. S. g. e.

151 **Seleuciden. Alexander Bala**. Drachme. Kopf m. Diadem. Rv. Apollo sitzend. S. g. e.

152 Tetradrachme. Jahr ΞΞΡ = 167. Rv. Adler u. Monogr. v. Tyrus. Schön.

153 **Demetrius II**. S. schöne Tyrer Tetradr. v. gleichem Jahr ΞΞΡ = 167 (vor s. Gefangenschaft).

154 Einfache Drachme dess. v. gleichem Typus. J. OP = 170. Gut erh.

155 **Antiochus VII**. Tetradrachme. Kopf n. r. Rv. Pallas stehend, im Kranz. S. g. e.

156 Tyrer Tetradrachme desselben. J. BΠΡ = 182. gut erh. — u. J. ΘΟΡ = 179. Schön.

157 **Demetrius II**. (nach s. Gefangenschaft) Aehnl. Tyrer Tetradr. J. ΓΠΡ = 183. Gut erh. — u. J. ZΠΡ = 187. S. schön.

158 **Cleopatra u. Antiochus VIII**. Tetradrachme. Bbr. der Königin, verschleiert u. des jungen Königs, m. Diadem, übereinander. Rv. ΒΑΣΙΛΙΣΣΗΣ ΚΛΕΟΠΑΤΡΑ ΘΕΑΣ ΚΑΙ ΒΑΣΙΛΕΩΣ ΑΝΤΙΟΧΟΥ. Jupiter sitzend. Vorz. erh.

159 **Philippus.** 2 Tetradrachmen mit sitz. Jupiter. Varianten. Gut erh.

160 12 Kupferm. v. Antiochus I., III., V. u. IX., Alex. I., II., Tryphon, Demetrius II. u. Tigranes, meist gut erh.

161 **Commagene.** 4 Kupferm. v. **Samosata** — u. 1 desgl. v. **Cyrrhus** (Cyrrhestica).

162 8 Kupferm. v. **Antiochia** (autonome u. kaiserl.), eine v. **Laodicea** u. 7 versch. v. **Sidon.** 16 St.

163 **Phoenicien. Tyrus.** 3 autonome Tetradr. J. AK, ΘK u. ΡΓ (21, 29 u. 103). Gut erh. — u. 7 versch. Kupferm.

164 **Judäa.** Silberschekel. ישראל (שקל) Kanne, darüber ש״ב = J. 2. Rv. Dreibl. Lilie. Stark oxydirt.

165 Aehnlicher Halbschekel mit א (J. 1) u. חצי השקל. Sehr schön.

166 27 Kupferobole der ersten Hasmonäer (Joh. Hyrcan u. Alex. Jannaeus, 135 u. 78) mit d. Füllhörnern u. Schrift im Kranze. Viele Varianten u. mehrere s. g. e.

167 **Alexander Jannaeus.** 18 Obole der versch. Typen mit d. Rad. Madd. p. 90 u. 97. Mehrere Var., viele gut erh.

168 Schöne Kupferm. ΛΛΕΞΛΔ. Anker. Rv. יהו־המל. Offene Blume. Madd. p. 81. 1. Grüne Patina.

169 **Herodes M.** Kupfermze. Dreifuss (in Form Ψ) zw. 2 Zweigen. Rv. (Η)ΡΩΔΟΥ. Kreuzchen im Kreis. Madd. p. 111. 8. G. e.

170 Derselbe. 4 Kupferobole. Anker u. 2 Füllhörner. Madd. p. 112 u. 113 Var. G. e.

171 **Archelaus.** 3 Obole m. Schiffsschnabel u. ΕΘΝ im Kranze. M. 115. 2. G. e.

172 Landpfleger **Pilatus** für Tiberius. 2 Kupfermzn. J. 17 (=31) mit d. Augurstab. M. 182. 14.

173 **König Agrippa.** 12 Kupfermünzen. Baldachin u. 3 Aehren. M. p. 131. 1. Var. Viele schön.

174 12 Kupfermzn. des letzten Landpflegers **Cl. Felix** (für Nero) mit d. Aehre. Madd. p. 185. Meist schön.

175 **Titus** auf Zerstörung Jerusalem. 2 Kupfermzn. ΙΟΥΔΑΙΑС ΕΑΛΩΚΥΙΑС. Madd. 218. 4.

176 Letzter **Aufstand** gegen Rom (**Bar Kochba**). Schöne Tetradrachme. שמעון. Tempelhalle, darüber Stern. Rv. לחרות ירושלם. Lulabstrauss, neben: Ethrogfrucht. Mit Spur der Ueberprägung auf griech. Tetradr. Hamb. No. 65. (Aus einer Sammlung in Jaffa consignirt).

177 Denar שמעון. im Kranz, in d. Mitte dicker Punkt Rv.-Inschr. d. vorigen. Krug u. kl. Palme. Hamb. No. 32. (Auf Domitian-Denar Coh. No. 244 überprägt, von dessen Rv. IMP XVII CO noch deutlich lesbar). Vorz. erh.

178 M. Br. שמעון נשיא ישראל. Palmzweig im Kranz. Rv. שנת אחת לגאלת ישראל. Viersaitige Leier. S. schön u. vollständiger als das Ex. Madd. p. 205. 9.

179 Bronzemedaillon. Inschrift der vorigen im Kranz. Rv. Inschrift d. vorigen um grossen Krug. Madd. p. 203. 7. Z. g. e. Von dieser Münze maximi moduli waren bis jetzt nur die 4 Expl. der Pariser Bibl., des Br. Mus., des Prinzen Windisch-Grätz u. d. Samml. L. Hamburger als existirend bekannt.

180 2 versch. Palmen-Gr. Br. desselben. Madd. 245. 41 Var. u. 240. 21. G. e.

181 **Mesopotamien. Singara.** Gr. Br. v. Gordian u. Tranquillina, desgl. v. Philippus u. 2 M. Br. v. **Nisibi** u. **Edessa.**

182 **Persien. Xerxes.** Octodrachme. König u. 2 Begleiter auf Siegeswagen n. l. Rv. Galeere, darüber עב S. g. e.

183 Dicke Drachme. Bärtiger Kopf. Rv. בא. Schiff auf Wellen. Gut erh.
184 Desgl. Gleicher Kopf. Rv. Halber Löwe im Quadrat u. Phoen. Inschrift.
185 Obol. König u. Löwe. Rv. Schiff auf Wellen. G. e.
186 **Elymais.** Dicke Hemidr. Bärtiger Königskopf n. r. Rv. Feueraltar zw. 2 Figuren. S. g. e.
187 **Parther.** 10 Drachmen von **Mithridates I., Artaban II. u. V., Mnaskires, Orodes I., Vonones I.** (mit dessen Namen um das Brustb.), **Meherdates** (m. Bb. v. vorn) u. **Phraates II. u. V.** Alle versch. Bbr. u. s. g. e.
188 **Sassaniden.** 9 Drachmen von **Artaxerxes I., Sapor I. u. II., Hormisdas IV., Cosroës I. u. II., Kobad I., Vaharan VI.** u. **Jezdegerd II.** Alle schön.
189 **Bactrien. Euthydemus I.** Tetradr. Kopf m. Diadem n. r. Rv. Sitz. Hercules, d. Keule auf d. Knie gestützt. Gut erh.
190 **Eucratides II.** Tetradrachme. Behelmter Kopf n. r. in einem Kranze. Rv. Die Dioscuren n. rechts. M. S. VIII. 471. 29. Gut erh.
191 Obol. Aehnl. Kopf. Rv. 2 Dioscurenmützen etc. S. g. e.
192 **Apollodotus.** Drachme. Elephant. Rv. Bison. Viereckig u. 2 sprachig. S. g. e.
193 **Menander.** Runde Drachme, ebenfalls 2sprachig. Bb. n. r. Rv. Pallas n. l. S. g. e.
194 **Azes.** Tetradrachme. Reit. König n. r. Rv. Pallas n. r. Gut erh.
195 **Baraoro.** Goldstater. Opfernder König n. l. Rv. Gott Siva vor d. Stier Nandi. Gel., sonst s. g. e.
196 14 Kupfermünzen verschiedener baetrischer Könige. Meist gut erh.
197 **Aegypten. Ptolemaeus I.** 3 Tetradrachmen m. versch. Monogr. (Münzstätten). Guter Styl u. Erhaltung.
198 **Ptolemaeus XII.,** Dionysius. Didrachme. Gut erh.
199 **Alexandrien. Augustus u. Tiberius.** Tetradrachme. Beiders. Kopf. S. g. e.
200 **Claudius** u. **Messalina.** Desgleichen. Av. Kopf v. Claudius. Rv. Messalina n. l. stehend. Gut erh.
201 **Nero u. Poppaea.** Desgleichen. Beiders. Kopf. Gut erh.
202 **Hadrian.** 2 hübsche Gr. Br. Rv. Nil u. Rv. Elephantenquadriga.
203 **Numidien. Juba I.** Drachme. REX IVBA. Bärtiges Bb. m. Scepter n. r. Rv. Tempel. S. g. e.
204 **Mauretania. Juba u. Cleopatra.** Drachme. REX IVBA Kopf m. Diadem n. r. Rv. BACIAICCA. KAEOHATPA. Stern über Halbmond. S. g. e.
205 **Ptolemäus.** Hemidrachme. REX PTOLEMAEVS. Kopf n. r. Rv. Palmbaum zw. KA—XVI. Gut erh.
206 **Falsi.** 4 Tetradr. Catana. Syracus, Alexander M. u. Demetrius v. Macedonien. 64½ Gr.
207 3 desgleichen v. Thasos, Pyrrhus u. Arsinoë u. 5 kleinere. Zus. 50 Gr.
208 32 versch. zweifelhafte u. falsche griech. Kupfermünzen.

---

209 Collier, feinstes Gold, aus 7 schönen hohlen Glöckchen bestehend, scheint alte arabische Arbeit. 5½ Gr. (In Er-Ramleh bei Lydda gefunden). S. g. e.
210 Löwenköpfchen, feinstes Gold, mit 2 geperlten Halsbändern u. Ring vor d. Nase. Antiker Schmuck (unweit Jaffa gefunden).
211 Silberne Figur (altes Götzenbild?) Ungewiss aus welcher Zeit. Stark oxydirt. 223½ Gr. NB. Diese Gegenstände, gleichwie die meisten der No. 164—180, sind uns aus Palästina consignirt.

Römische Münzen.

Citate d. Familienmünzen nach Babelon „Monnaies Consulaires", d. Kaisermünzen nach Cohen, II. Ausgabe.

212 **Republik.** 3 Denare. **Annia.** B. 4 (10 Fr.), **Coelia.** B. 7 (8 Fr.) u. 11 (8 Fr.) S. g. e. u. schön.
213 2 desgleichen. **Critonia** (10 Fr.) u. **Egnatia.** B. 2 (6 Fr.) S. g. e.
214 2 desgleichen. **Livineia.** B. 11 (5 Fr.) u. **Plautia.** B. 11 (3 Fr.) Schön.
215 2 desgl. **Pomponia.** (Urania) B. 22 (5 Fr.) u. **Sicinia.** B. 5 (4 Fr.) S. g. e.
216 Sammlung v. 68 Consulardenaren. Alle verschieden u. meist s. g. e.
217 **Kaiser. Cn. Pompejus.** Denar. Sein Kopf. Rv. Neptun zwischen Anapus u. Amphinome. C. 17 = 15 Fr. Gut erh.
218 **Julius Caesar.** (Hirtia). Gold. Sein verschleierter Kopf. Rv. Opfergeräthe. C. 3. S. schön.
219 Denar mit d. Elephant. Rv. Opfergeräthe. C. 49. S. schön.
220 Desgleichen. Cereskopf. Rv. Trophäe u. 2 Gefangene. C. 13. Sehr gut erh.
221 Desgleichen. (Cossutia). Verschleierter Kopf Caesars. Rv. Schrift im Kreuz. C. 8 = 20 Fr. S. g. e.
222 Desgleichen. (Mettia). Kopf Caesars n. r., dahinter Augurstab u. Simpulum. Rv. Venus. C. 34. S. g. e.
223 Desgleichen. (Mussidia). Sein Kopf. Rv. Ruder, Globus etc. C. 29 = 12 Fr. S. g. e.
224 **Brutus.** Denar. Sein Kopf. Rv. EID . MAR. Freiheitsmütze zw. 2 Dolchen, C. 15 = 350 Fr. G. e.
225 **Lepidus u Octavius.** Denar. Beiders. Kopf n. r. C. 2 = 40 Fr. Gut erh.
226 **M. Anton.** Denar. Stehender M. Anton. Rv. Sonnenkopf. C. 13 = 4 Fr. Gut erh.
227 Desgl. LEG VI. C. 33 — LEG VII. C. 34 — LEG VIII. C. 35. Gut erh.
228 Desgl. VIIII. C. 36 — LEG XI. C. 39 — LEG XV. C. 47. G. u. s. g. e.
229 Desgl. LEG XIX. C. 55 — LEG XX. C. 57 — LEG XXI. C. 58. Gut erh.
230 **M. Anton u. Octavius.** (Barbatia). Denar. Beiders. Kopf. C. 8 = 30 Fr. Gut erh.
231 **Augustus.** Silbermedaillon. Kopf n. r., darunter: IMP CAE-SAR. Rv. AVGVSTVS Steinbock im Kranz. C. 16. Gut erh.
232 Desgleichen. IMP . CAESAR hinter d. Kopfe, vor demselben Augurstab. Sehr schön.
233 3 Denare mit s. Kopf. Rv. Cajus. C. 40, Rv. Cajus u. Lucius. C. 43 u. Rv. Opfergeräthe. C. 91. G. u. s. g. e.
234 Desgleichen. Rv. Schild. C. 294. S. g. e.
235 Desgleichen (Vinicia). C. 542 = 30 Fr. Gut erh.
236 **Tiberius.** Gold. Rv. PONTIF MAXIM Sitzende Livia. C. 15. Sehr gut erh.
237 **Germanicus.** M. Br. Kopf n. l. C. 4. Grüne Patina. S. g. e.
238 **Claudius.** Silbermedaillon. Kopf n. l. Rv. Tempel d. Diana in Ephesus. C. 30 = 30 Fr. G. e.
239 **Nero.** Quinar. Rv. Ohne Schrift. Sitzende Siegesgöttin n. r. C. 352 = 15 Fr. S. g. e.

240 **Nero u. Claudius.** Silbermedaillon. Beiders. Kopf n. r. C. 1 = 50 Fr. Gut erh.
241 **Interregnum nach Neros Tod.** Denar. BON EVE(NT) Frauenkopf n. r. Rv. PACI PR. 2 verschl. Hände m. Mercurstab. C. 389 = 50 Fr. Provinzielle Arbeit. S. g. e.
242 **Galba.** Goldmünze. Rv. SPQR OB C S im Kranz. C. 286 = 150 Fr. Gut erh.
243 2 Denare. ROMA RENASCENS. C. 209 = 10 Fr. u. ROMA VICTRIX. C. 225 = 15 Fr. S. g. e.
244 3 M. Br. Rv. Libertas. C. 109 u. 111 u. Rv. Vesta. C. 309. Gut erh.
245 **Vitellius.** Goldmünze. Kopf n. r. Rv. VICTORIA AVGVSTI Siegesgöttin n. l. Wie C. 99 in Silber. Sehr gut erh.
246 Denar. Gleicher Typus. C. 99 = 12 Fr. S. g. e.
247 **Vespasian.** Goldmünze. Rv. VIC-AVG. Siegesgöttin n. r. auf Globus. C. 583. S. g. e.
248 3 Denare (versch. Typen). C. 113 Var., 133 Var. u. 219. Alle m. VESPASIANVS. Gut erh.
249 Desgleichen. Rv. Säule zw. 2 Lorbeerzweigen. C. 149 = 8 Fr. u. Rv. 2 Hände. C. 164 = 5 Fr. Gut erh.
250 Quinar. Rv. VICTORIA AVGVSTI Sitz. Siegesgöttin n. l. C. 595 Var. = 20 Fr. S. g. e.
251 **Titus.** Denar. Rv. Steinbock n. l. C. 280. S. g. e.
252 **Domitian.** 5 Denare C. 202. 222. 250. 271 u. 278. S. g. e.
253 Quinar. Rv. Sitz. Siegesgöttin n. l. C. 625 = 15 Fr. Gut erh.
254 **Domitia.** Silbermedaillon. Bb. n. r. Rv. VENVS AVG. Venus an einer Säule n. r. C. 19. Z. g. e.
255 **Trajan.** Silbermedaillon. Rv. Bund v. 6 Aehren. C. 607 = 50 Fr. Gut erh.
256 6 Denare. C. 89. 121. 188 (6 Fr.). 196. 203 u. 228. G. u. s. g. e.
257 4 desgl. C. 247. 497 (10 Fr.). 537 (4 Fr.) u. 648 VIA TRAIANA (6 Fr.) G. u. s. g. e.
258 **Hadrian.** Goldmünze. Rv. Reitender Kaiser n. r. C. 410. Gut erh.
259 Desgleichen. Rv. Sitzende Fortuna n. l. C. 741, aber ohne Globus unter d. Ruder. Gut erh.
260 Silbermedaillon. Rv. Bund v. 6 Aehren. C. 440. G. e.
261 4 Denare. Rv. AEGYPTOS. C. 99 — AFRICA. C. 138 — ALEXANDRIA. C. 144 und ITALIA. C. 869. Gut erh.
262 4 desgl. C. 749. aber ohne Globus. Bb. m. Kürass, u. NER NEP etc. im Rv. C. 762. 782 (aber belorb. Kopf) u. C. 874. G. u. s. g. e.
263 4 desgl. C. 913 (10 Fr.). 926, 938 u. 1140. Gut u. s. e.
264 3 desgl. C. 1173 (6 Fr.). 1328 u. 1425 (10 Fr.) S. g. e.
265 Quinar. Rv. Siegesgöttin n. r. C. 192 = 60 Fr., aber Av.-Inschr. vollständig: IMP CAESAR etc. Gut erh.
266 **Sabina.** 3 Denare. C. 43. 81 u. 94 (6 Fr.) Gut erh.
267 **Aelius.** 2 Denare. C. 3 u. Var. mit d. Füllhorn auf d. Stuhl gestützt. G. u. s. g. e.
268 **Antoninus pius.** Goldmünze Rv. Pietas zw. 2 Kindern. C. 622. S. g. e.
269 6 Denare C. 59 (6 Fr.). 164. 219. 263. 271 u. 276. G. u. s. g. s.
270 5 desgleichen. C. 283. 291. 383. 834 Var. u. 835 Var. G. u. s. g. e.
271 3 desgleichen. C. 871. 1088 Var. u. 1110 (aber DEC st. DECENN). G. u. s. g. e.

272 **Antoninus pius u. M. Aurel.** Denar. Beiders. Kopf. C. 13. Gut erh.
273 **Faustina sen.** 4 Denare. C. 6., 7 (5 Fr.), 32 u. 93. G. u. s. g. e.
274 6 desgleichen. C. 108, 120, 131, 151, 219 (5 Fr.) u. 291. G. u. s. g. e.
275 **M. Aurel.** Goldmünze. Rv. TRP XXII IMP V COS III Siegesgöttin n. l. C. 903. S. g. e.
276 8 Denare. C. 7, 35, 37, 389 (5 Fr.), 435, 481, 484 u. 490. Meist s. g. e.
277 Desgleichen. DE SARM etc. C. 173 (8 Fr.) u. PRIMI DECENNALES COS III. C. 493 (6 Fr.) S. g. e.
278 6 desgleichen. C. 519, 525, 618, 628, 761 u. 881. G. u. s. g. e.
279 5 desgl. C. 882, 942, 953, 979 u. 988 (6 Fr.) S. g. e.
280 **Faustina jr.** 4 Denare. C. 15, 70, 140 u. 176. G. u. s. g. e.
281 4 desgleichen. C. 181, 191, 254 u. 280. Gut erh.
282 **Lucius Verus.** Goldmünze. Bb. n. l. Rv. L. Verus u. M. Aurel. C. 50. Gut erh.
283 2 Denare. C. 230, 279 u. barbar. Denar m. sitz. Armenia. G. u. s. g. e.
284 **Lucilla.** Goldmünze. Rv. VENVS. Venus n. l. m. Apfel u. Scepter. C. 69. S. schön.
285 Denare. C. 14, 28, 70 u. 98 (10 Fr.) Gut erh.
286 **Commodus.** 4 Denare. C. 34 (8 Fr.), 172 (6 Fr.), 202 (6 Fr.), aber Hercules n. l. u. 260 (6 Fr.) G. u. s. g. e.
287 5 desgleichen. C. 382 (5 Fr.), 608, 652, 709 u. 719 (5 Fr.). Gut erh.
288 6 desgleichen. C. 741, 775, 779, 821, 905 u. 928. G. u. s. g. e.
289 **Pertinax.** Denar. Rv. (PR)OVID DEOR COS II. C. 43=50 Fr. Gut erh.
290 Desgleichen. Rv. Merkurstab m. 6 Aehren. C. 51=150 Fr. Gut erh.
291 **Pescennius Niger.** Denar. Rv. Salus. Av. C. 67. Rv. C. 66=200 Fr. Gut erh.
292 **Cl. Albinus.** Denar. Rv. Pallas n. l. C. 48=12 Fr. Gut erh.
293 **Sept. Severus.** 7 Denare. C. 21, 165, 181, 205, 370, 464 u. 469. S. g. e.
294 6 desgleichen. C. 471, 475, 476, 548, 586 u. 606. G. u. s. g. e.
295 5 desgleichen. C. 628, 670, 719, 741 u. 744. G. u. s. g. e.
296 **Sept. Sever, Caracalla u. Geta.** Denar m. 3 Köpfen. C. 7=60 Fr. Annehmb. erh.
297 **Julia Domna.** 6 Denare. C. 21, 55, 72, 82, 111 (4 Fr.) u. 114 (4 Fr.) S. g. e.
298 5 desgleichen. C. 123 (4 Fr.), 156, 164, 174 u. 194 (5 Fr.) S. g. e.
299 **Caracalla.** 6 Denare. C. 139, 150 (3 Fr.), 195, 211, 239 u. 241. S. g. e.
300 6 desgleichen. C. 306, 348, 373, 382, 385 u. 420. S. g. e.
301 6 desgl. C. 424, 494, 509 (10 Fr.), 510 (8 Fr.), 664 (aber Valor n. links) u. 672 (3 Fr.) S. g. e.
302 **Plautilla.** 4 Denare. C. 2, 7, 16 u. 25. Sehr gut erh.
303 **Geta.** 4 Denare. C. 90 (5 Fr.), 114, 139 u. 140. S. g. e.
304 5 desgleichen. C. 157, 159 (3 Fr.), 192 (3 Fr.), 195 u. 206. S. g. e.
305 **Macrin.** 2 Denare. Rv. Aequitas. C. 2 u. Rv. sitz. Kaiser. C. 51. S. g. e. u. schön.
306 2 desgl. Rv. Providentia. C. 108 — u. Rv. sitz. Salus. C. 114. S. g. e.
307 **Alex. Sever.** 8 Denare. C. 1, 73, 84, 95, 128 (5 Fr.), 173 (3 Fr.), 187 (3 Fr.) u. 207. S. g. e. u. schön.
308 7 desgleichen. C. 256, 337, 351, 365, 440, 530 u. 586 (3 Fr.) S. g. e.
309 **Orbiana.** Denar. Rv. Sitz. Concordia. C. 1. Gut erh.
310 **Julia Mamaea.** Denare. C. 17, 35 u. 85. S. g. e.
311 **Maximin.** 6 Denare. C. 31, 55, 75, 85, 99 u. 107 (4 Fr.) S. g. e.
312 **Maximus.** Denar. C. 1=20 Fr. Schön.

313 **Gordianus pius.** 8 Denare. Bb. m. Strahlenkrone. C. 253, 266, 296, 312, 314, 319, 381 u. 383. S. g. e.
314 5 desgleichen m. belorbeertem Bb. C. 186, 325, 340, 347 u. 403 (3 Fr.) S. g. e.
315 **Philipp sr.** 5 Denare. C. 39 (10 Fr.), 113 (10 Fr.), 135 Bl. u. l. (20 Fr.), 241 (10 Fr.) u. 223 (3 Fr.) S. g. e.
316 4 Saecnlardenare. C. 188 (2 Var.), 189 u. 198. S. g. e.
317 **Philipp jr.** 5 Denare. C. 1, 17 (5 Fr.), 48, 59 (5 Fr.) u. 72. S. g. e.
318 **Trajanus Decius.** M. Br. Rv. Liberalitas. C. 72. S. g. e.
319 **Her. Etruscilla.** 3 Denare. C. 14, 17 u. 19. Sehr gut erh.
320 **Her. Etruscus.** 3 Denare. C. 4 (3 Fr.), 11 u. 26. S. g. e.
321 2 Denare v. **Hostilian.** C. 34 — u. **Aemilian.** C. 32. S. g. u. g. e.
322 **Valerianus pater.** Denare. C. 75 (10 Fr.), 152 (4 Fr.), 153 (4 Fr.) u. 187 (4 Fr.) S. g. e.
323 5 desgl. C. 25 (PROPVGN), 146, 201 (AVGG), 230 u. 280 (6 Fr.) S. g. e.
324 **Mariniana.** Denar. C. 2. Gut erh.
325 **Saloninus.** 5 Denare. C. 13 (4 Fr.), 21 (20 Fr.), 26, 41 u. 67 (3 Fr.) S. g. e.
326 **Quietus.** Billonmünze. Rv. Aequitas. C. 1. S. g. e.
327 **Victorinus.** 27 versch. Billonmünzen, bessere darunter. Meist g. e.
328 **Marius.** 2 Billonmünzen. C. 14 u. 20. Gut erh.
329 **Claudius Gothicus.** 49 Billonmünzen, dabei C. 82 m. IMP CLAVDIVS CAES AVG im Av. Meist g. e.
330 **Aurelian.** 2 Billonmünzen. C. 171 (10 Fr., 2 Grössen) u. M. Br. C. 35 (12 Fr.) Grüne Patina. S. g. e.
331 **Aurelian u. Vaballath.** P. Br. Beiders. Kopf. C. 1. Gut erh.
332 **Tetricus I.** 31 versch. Billonmünzen. Meist g. e.
333 **Tetricus II.** 14 desgleichen. Meist g. e.
334 **Probus.** 7 P. Br. C. 37, 305, 519, 584, 612, 642 u. 766. S. g. e.
335 **Numerianus.** Goldmünze. Rv. VIRTVS AVGG. Hercules n. r. C. 100. S. g. e.
336 **Carinus.** 2 P. Br. C. 28 u. 74. S. g. e.
337 **Magnia Urbica.** P. Br. Rv. VENVS CELEST—SXXI C. 9. S. g. e.
338 **Diocletian.** Silbermünze. C. 516, aber MILITVM. S. g. e.
339 **Maximianus Hercules.** Silbermünze. Rv. VICTORIA SARMATICA. Thor etc. C. 551. S. g. e.
340 **Carausius.** P. Br. Rv. PAX AVG C. 197. Gut erh.
341 **Allectus.** P. Br. Rv. Laetitia. C. 15. G. e.
342 Desgleichen. Rv. Schiff. C. 81. S. g. e.
343 **Theodora.** 2 P. Br. Q. Mit u. ohne Kreuz im Felde. C. 4 u. 5. S. g. e.
344 **Gal. Valeria.** Schönes M. Br. Rv. Venus. C. 2.
345 **Licinius pater.** 7 P. Br. C. 15, 53 (2 Var.), 74, 114 (2 Var.) u. 163 — u. 2 M. Br. C. 43 u. 49. S. g. e.
346 **Constantin M.** Goldmünze. Rv. GLORIA EXERCITVS GALL — PTR. Der Kaiser zu Pferde n. r. C. 258. S. schön.
347 Desgl. Rv. SPQR OPTIMO PRINCIPI—PTR. 3 Standarten. C. 556. S. g. e.
348 Desgl. Rv. VICTORIA CONSTANTINI AVG—SIS. Siegesg. n. l. u. 2 Gefangene. C. 602. Gel., sonst s. g. e.

349 P. Br. C. 251., M. Br. wie C. 325 u. **Pop. Romanus.** P. B. Q. C. p. 332. 1 u. 2. 4 St. S. g. e.

350 **Constantin II.** Goldmünze. Kopf n. r. Rv. CONSTANTI-NVS CAESAR—N. Siegesg. n. l. C. 75. Sehr gut erh.

351 **Constans I.** Goldsolidus. Rv. 2 Siegesgöttinen halten Schild m. VOT-X-MVLT-XX. C. 171. S. g. e.

352 Silbermünze. Rv. Siegesgöttin n. l. C. 152 = 40 Fr. S. g. e.

353 Aehnliche Silbermünze. C. 156 = 25 Fr. S. g. e.

354 **Constantius II.** Goldsolidus. Behelmtes Bb. v. vorn m. Schild u. Lanze. Rv. 2 Siegesgöttinen etc. C. 112, aber Abschn.: TR* S. g. e.

355 Silbermedaillon. Rv. 4 Standarten. C. 8, aber P CON im Abschn. Kl. Sprung, sonst s. g. e.

356 Gr. Silbermünze. Rv. Siegesgöttin n. l. C. 233 = 20 Fr. S. g. e.

357 2 desgleichen. C. 340 u. 342 — u. kleinere Silberm. C. 343. S. g. e.

358 **Vetranio.** M. Br. C. 1. 2 Var. m. A hinter u. Stern vor d. Kopfe. Gut erh.

359 P. Br. Rv. Kaiser m. Labarum u. Scepter n. l. C. 3. S. g. e.

360 **Magnentius.** 5 hübsche M. Br. C. 20, 41, 68 (2) u. 71.

361 **Decentius.** M. Br. C. 10, P. Br. C. 34 (2), 36 u. 44. S. g. e.

362 **Julian.** P. Br. GENIO ANTIOCHENI. Sitz. Stadt. Rv. Apollo. C 1 = 8 Fr. S. g. e.

363 P. Br. Q. DEO SARAPIDI. Serapiskopf. Rv. Nil. C. 37 = 30 Fr. S. g. e.

364 **Fl. Jul. Helena.** P. Br. ISIS FARIA. Kopf d. Kaiserin n. links. Rv. Nil. Vgl. C. 38. Gut erh.

365 **Jovianus.** Silbermünze. C. 33 — u. Gr. Br. C. 23. Gut erh.

366 **Valentinian I.** Grössere Silberm. C. 69 — u. 2 kleinere. C. 18. S. g. e.

367 **Valens.** Silbermedaillon. C. 71. Kl. Sprung, sonst s. g. e.

368 2 kl. Silbermünzen. C. 28 u. 96. S. g. e.

369 **Gratian.** Silbermünze. C. 56. Sehr gut erh.

370 **Theodosius I.** Kl. Denar. Rv. Sitz. Roma n. l. Wie C. 58 = 30 Fr. S. g. e.

371 Desgleichen Rv. VOT XV MVLT XX. C. 69. S. g. e.

372 **Aelia Flaccilla.** 2 M. Br. C. 4 u. 6. S. g. e.

373 **M. Maximus.** Silbermünze. Rv. Sitz. Roma. C. 21. S. g. e.

374 **Honorius.** Goldmünze. VICTORIA AVGGG. C. 44. Gut erh.

375 **Placidia.** Goldtriens. Rv. Kreuz im Kranz. C. 17. Z. g. e.

376 **Valentinian III.** Silbermünze. Rv. Sitz. Roma. C. 46 = 40 Fr. S. g. e.

377 P. Br. Q. Rv. Siegesgöttin n. l. C. 12 (25 Fr.), aber AVGGG. S. g. e.

378 **Severus III.** Silber-Quinar. C. 16 = 25 Fr Z. g. e.

379 **Anthemius.** Goldmünze. C. 12 = 100 Fr. Gut erh.

380 Sammlung v. 268 Gr., M. u. P. Br. der späteren Kaiserzeit. G. u. s. g. e.

381 **Arcadius.** Solidus. Bb. n. r. Rv. CONCORDI-A AVGGG B. Sitz. Roma. Gel., sonst s. g. e.

382 Desgleichen. Beh. Bb. v. vorn. Rv. CONCORDI-A AVGGΘ. Sitz. Roma. Gut erh.

383 Silbermünze. Bb. n. r. Rv. VIRTVS RO-MANORVM. Sitz. Roma n. l. S. g. e.

384 **Aelia Eudoxia.** Triens. Bb. n. r. Rv. Kreuz im Kranz. Sab. I. 120. 3. S. g. e.

385 **Pulcheria.** Solidus. Rv. Siegesg. n. l. Sab. 127. 4, aber Stern über d. Kreuz. S. g. e.

386 **Leo I.** Triens. Rv. Siegesgöttin u. l. S. g. e. — u. 2 Triens v. ostgothischer (?) Fabrik. Rv. Kreuz. S. g. e.
387 **Justinian I.** Solidus m. Bb. v. vorn, Sab. 1., aber ohne Monogr. über d. Kreuz. S. g. e.
388 2 Silbermünzen. Rv. Schrift u. Rv. CN Sab. 10 u. 12. Gut erh.

---

389 **Ostgothen. Theodorich.** Silbermünze. Rv. Monogr. Sab. 7. S. g. e.
390 **Athalarich.** Desgleichen. Rv. Schrift. Sab. 6. S. g. e.
391 2 Kupfermünzen. Rv. Schrift u. Rv. steh. König. S. 1 u. 3. S. g. e.

---

392 **Tiberius Constantin.** Solidus m. Bb. v. vorn. Sab. 1. Gel., sonst s. g. e.
393 **M. Tiberius.** Triens. S. 4, aber im Avers DN TIBERI PP AVG — u. **Focas** ½ Solidus. S. 3. S. g. e.
394 **Heraclius u. Her. Constantin.** Dicker Solidus. 2 Bbr. Rv. Kreuz auf 2 Stufen. Sab. 51, links v. Kreuze II. S. g. e.
395 Miliaresion. Die beiden Kaiser thronend. Rv. Kreuz. Sab. 59. S. g. e.
396 **Constans II.** Miliaresion m. Bb. v. vorn. Sab. 295. 6. Gut erh.
397 **Constantin IV.** Triens. Aehnlich d. ½ Solidus S. 22, aber d. Kreuz auf Basis. S. g. e.
398 **Leo V. u. Constantin VII.** Solidus. Beiders. Bb. v. vorn. S. 2. Gut erh.
399 **Constantin X.** Silbermünze. 5 zeil. Inschrift. Rv. Kreuz. S. 16. S. g. e.
400 **Johannes Zimisces.** Desgleichen. Rv. Medaillon m. s. Bb. v. vorn auf einem Kreuze. S. 3. Gut erh.
401 **Romanus III. Argyrus.** Solidus. S. 1. Gut erh.
402 **Romanus IV., Eudoxia, Michael, Constantin u. Andronicus.** Concave Goldmünze m. 6 Figuren. S. 4. S. g. e.
403 **Johannes II. Comnenos.** Grosser concaver Solidus. S. 7. Gut erh.
404 **Isaac II. Angelus.** Desgleichen. Ganz blasses Gold. Sab. 2 (als Silber). S. schön.
405 **Manuel I. Comnenos.** Silberaspro. Sab. 314. 4. Gut erh.
406 23 nichtsortirte Byzantiner Kupfermünzen, mehrere s. grosse darunter.

---

407 **Falsi.** 6 Denare v. Pertinax, Did. Julianus, Gordianus Afric., Balbin, Pupien, Macrin u. Diadumenian (beiders. Kopf), sowie Quinar v. Otho. S. g. e.
408 4 Bronzemedaillons v. M. Aurel, Did. Julianus, S. Sever u. Caracalla, sowie 2 Gr. Br. v. Domitian u. v. Titus (IVDAEA CAPTA). Meist Paduaner u. s. g. e.

Mittelalter und Neuzeit.

Oesterreich, Böhmen, Ungarn.

(S. auch unter „Elsass, Ensisheim“).

409 **Erzherzog Rudolph.** 1356—65. Ducate n. Florentiner Typus. DVX . RV-DOLPHVS Grosse Lilie. Rv. S . IOHA-NNES . B (u. kl. Bindenschild). Joh. d. T. v. vorn, zwischen R-V. Zwischen s. Beinen ein kleines Röschen. Dannenberg 72. S. g. e.

410 **Erzherz. Sigismund.** Thaler 1486. M. 1373. Eng. p. 15. No. 2. S. g. e.

411 Groschen dess. m. Bb.; **Erzherz. Maximilian** Thaler 1603. Sch. 4968, sowie **Franz Joseph.** Vermählungsdoppelgulden 1854. S. g. e.

412 **Wladislaus v. Ungarn.** 8facher Ducate 1506 v. Stempel d. Thalers Sch. 2360. M. 312. S. g. e.

413 ¾ Thaler (20½ Gr.) v. anscheinend demselben Stempel. S. g. e.

414 Halber Thaler (15½ Gr.) 1499. Sch. 2352. M. 310. Gut erh.

415 Kaiser **Maximilian I.** Ducate v. Modena. MAXIL . ROM—IMP . M. D : — Gekr. Bb. n. r. Rv. S . GEMINI. — MVT . PON. Der hl. Geminianus mit Krummstab u. Kirche v. vorn sitzend. Im Abschn : kleines Röschen. Köhl 16. (Münzbel. XVI. p. 89). S. g. e.

Siehe Abbildung.

416 **Ferdinand I.** Kärnthner Ducate 1564. D. steh. Kaiser v. vorn. Rv. 2feld. gekr. Wappen. Aehnl. K. 45, aber mit Titel als EL. RO — I — M. etc. Schön.

417 Kärnthner Thaler 1559 u. Tyroler Thaler o. J. Sch. 140 Var. u. Av. Sch. 129. Rv. Sch. 128. S. g. e.

418 1½facher Schauthaler 1541 m. reitendem König. Sch. 92. M. 2396. Verg. Gut erh.

419 **Joh. I. Zapolya.** Ducate 1535. Mzz. N u. Krone im Schild. S. g. e.

420 **Erzherz. Ferdinand.** Tyroler Doppelthaler. M. 3853, jedoch BVRGVNDI, TIROLI u. and. Var. S. g. e.

421 **Maximilian II. u. Maria.** Med. Beider gekr. Br. n. l. Rv. CASTE ET SVPPLICITER Vestalin vor einem Altare. Aehnl. Armand II. 237. 9. Goldbronze. 67½ Mm. S. g. e.

422 **Rudolph II.** Med. 1594 m. 10 kaiserl. Bbrn. Wh. 6948. 23 Gr. S. g. e.

423 **Ferdinand II.** Steyrischer Doppelthaler 1621. Sch. 240, m. DVX—BVR-GVNDLE. etc. Gut erh.

424 Kärnthner Halbthaler 1621. Aehnl. d. ganzen Thaler. Sch. 246. S. g. e.

425 Achteckige 1½ f. Thalerklippe 1624. Av. Bb. d. Kaisers. Rv. Bbr. d. Erzherzoge Leopold (m. Strassburger Titel) u. Carl gegenüber, über ihren Schilden. Sch. 279. M. 2425. S. g. e.

426 **Leopold I.** Ungarischer Denar 1698 in Gold u. Tyroler ¼ Thr. o. J. S. g e.

427 Med. 1685. Eroberung v. Neuhäusel. Wh. 7251. 14½ Gr. Gut erh.

428 Med. o. J. LEOPOLDVS AVG. PANNON. — DAC. ILLYR. TVRC. MAX. Belorb. Bb. in Harnisch n. r. Rv. PANNONIIS DACIA ILLIRICO HERE-DITARIIS REGNIS ADAVCTIS. Der von einer Siegesgöttin bekr. Kaiser zw. 4 Figuren. Bronze. 62 Mm. S. schön.

429 **Joseph I.** Ducate des Grafen Leop. Jos. v. Lamberg auf s. Vermählung m. Amalie Wilhelmine v. Braunschweig 1699. 10 Zeilen u. 4 gekr. Herzen. Nicht im K. u. S. S. g. e.

430 **Karl VI.** $^3/_4$ Ducate 1732 auf die Huldigung in Linz. Wie Wh. 7693. S. schön.

431 **Maria Theresia.** Med. 1772. Academie in Mantua für mechan. Künste. Wh. 8045. $65^1/_2$ Gr. S. g. e.

432 Bronzemed. m. Bb. d. Grafen Gund. v. Starhemberg. Rv. PIETATE ET CONSILIO 2 Fig. 40 Mm. S. g. e.

433 **Leopold II.** Bronzemed. 1791. Huldigung v. Mantua. Wh. 8304. 45 Mm. S. g. e.

434 Med. 1790 Ankunft d. sicilian. Königspaares zur ungar. Krönung. Wh. 8286. $43^1/_2$ Gr. S. g. e.

435 **Franz II.** Schöner Thaler 1792. Bb. u. Wapp. Sch. 990.

436 Med. 1814. Besuch d. Pariser Münze. Wh. 8441. $32^1/_2$ Gr. S. g. e.

437 Erzh. **Carl.** Bronzemed. 1797. Bb. v. vorn. Rv. HIS / ROYAL HIGHNESS / THE ARCHDUKE / CHARLES etc. 34 Mm. S. g. e.

438 Zinnmed. Bb. d. Feldmarschalls **Schwarzenberg** n. l. Rv. D. Feldmarschall in antiker Rüstung. 55 Mm. S. g. e.

439 Schöne Bronzemed. 1816. Besuch d. Erzherzoge **Johann** u. **Ludwig** in England. Kopf d. Kaisers n. l. Rv. 8zeil. englische Inschrift. 54 Mm.

440 Tod d. Kaiserin **Maria Luise** 1816. Ihr Bb. n. l. Rv. Iris. Wh. 8495. 30 Gr. S. g. e.

441 Erzherzogin **M. Luise.** Bronzemed. 1816. Ankunft in Parma. 41 Mm. S. g. e.

442 **Ferdinand I.** u. **M. Anna** v. Sardinien. Vermähl.-Med. 1831. Wh. 8664 — u. lombard. Krönung 1838. Bb. Rv. 9 Zeilen im Kranz. Zus. $39^1/_2$ Gr. S. g. e.

443 **Franz Jos. u. Elisabeth.** Vermählungsmed. 1854. 2 Köpfe u. 2 Wappen. Bronze. $40^1/_2$ Mm. S. g. e.

444 **Franz Joseph.** Südbahn-Doppelthaler 1857. Schw. 159. Spiegelglanz.

445 Bronzemedaillon (v. Cesar u. Seidan). Sein Bb. n. l. Rv. Denkmal für die in Ofen am 21. Mai 1849 gefallenen Soldaten. 67 Mm. Schön.

446 Desgleichen 1852 m. d. Mausoleum Titians in Venedig. 61 Mm. Schön.

447 Silb. Med. m. Bb. Radetzky's. Rv. DE ITALIS — 1848 * 1849. Siegesgöttin v. vorn. 70 Gr. Schön.

448 Dieselbe Med. in Bronze. 57 Mm. — u. 5 Zinnmed. 1848/49 auf d. Verfassung, m. Bb. d. Kaisers, Haynau's, Windischgrätz', sowie m. Radetzky zu Pferde. 45, 41 u. 39 Mm. S. g. e.

449 Erzherzog **Rudolph u. Stephanie.** Med. d. Stadt Wien (v. Scharff) auf ihre Vermählung. Ihre erhabenen Bbr. n. r. Rv. Genius u. Engel m. d. beiden Wappen. Nickel. 50 Mm. S. schön.

450 13 glänzend erhaltene oesterreichische Kupfermünzen.

Russland.

451 **Alexis Michaelowitsch.** Brabanter Thaler 1622 m. seiner Contremarke v. 1655. Aehnl. Maill. 98. 4. G. e.

452 **Peter M.** $^1/_2$ u. $^1/_4$ Rubel 1704. Gut erh.

453 Rubel 1714. Seesieg über die Schweden b. Aaland. Sch. 557. M. 53. Geh. G. e.

454 Med. (von T. L.) 1710. Eroberung von Wiborg. Iversen 28 c. 19 Gr. S. g. e.
455 Hübsche Med. auf s. Tod 1725. Bb. n. r. Rv. EX UTROQUE MAGNUS * Neptun u. Minerva. Iv. pl. 12.7. 25½ Gr.
456 Dieselbe Medaille in Bronze. 38 Mm. S. g. e.
457 **Elisabeth.** Gold-Doppelrubel 1756. Bb. u. D.-Adler. S. schön.
458 **Peter III.** Zinnmed. 1762. Frieden m. Preussen u. Schweden. Bbr. Peters u. Friedr. M. gegenüber. Rv. MINERVAE PACIFERAE Sitz. Minerva, auf ihrem Schilde d. Wappen d. 3 Mächte. 43 Mm. S. g. e.
458bis **Catharina II.** Bronzemed. 1771. Siege an d. Donau. FACTA RUSSLE / TESTE DANUBIO etc. in 6 Zeilen in einem Lorbeerkranz. Rv. ALTO — VULTU PROFLIGAVIT TURCAS. D. russ. Adler auf Trophäen u. d. Wappen d. Moldau u. Wallachei. Wh. 10681. 44 Mm. S. g. e.
459 **Paul I.** Med. 1799. Bündniss m. Kaiser **Franz II.** Beider Bb. Rv. CD. DCC. XCIX. EVRORA IX. SPEM. ERECTA etc. in 12 Zeilen. Wh. 8370. 26 Gr. S. g. e.
460 **Alexander I.** Probe in Bronze eines Viertelrubel. ALEXANDER I. D: G. IMP. AVTOCR. RVSSOR. Bb. n. r. Rv. D.-Adler ohne Umschr. S. schön.
461 Medaille 1814 auf s. Aufenthalt in Paris. Kopf n. r. Rv. Sitz. Siegesgöttin vor einem Lorbeerbaume. 38 Gr. Schön.
462 Med. (v. Brandt) auf s. Tod. Kopf n. l. Rv. ZUR ERINNERUNG etc., in 7 Zeilen in Kranz. 51 Gr. Schön.

Dänemark.

463 **Christian IV.** Dicker Doppelthaler 1624. D. M. XVII. 12. Zu Sch. 1052. S. g. e.
464 ¼ Thaler für Norwegen 1631. S. g. e.
465 **Christian V.** Ducate o. J. Pyramide u. Ansicht v. Kopenhagen. K. 623. D. M. XLI. 17. S. g. e.
466 Ovale Hohlmed. Bb. n. r. Rv. PIETATE ❦ ET ❦ IUSTITIA Löwe auf Trophäen unter 2 Wappen. D. M. LV. 2. 35/43 Mm. 11½ Gr. S. g. e.
467 **Friedrich IV.** Med. 1718 auf d. Tod Carl XII. v. Schweden. Bb. n. r. Rv. Pyramide zw. Sturmleitern, Waffen etc., im Hintergrunde d. Festung Friedrichshall. D. M. XVIII. 2. 89 Gr. S. g. e.
468 **Christian VI.** Christiansborger Ducate 1730 auf s. Thronbesteigung. K. 647. D. M. XIII. 1. S. g. e.
469 **Friedrich V.** Ducate 1749. Reitender König u. Wappen. D. M. XVII. 4.

England.

470 **Burgred.** 852—74. Denar BVRGRED — REX (u. ein T-artiges Zeichen). Bb. n. r. Rv. MON / + TATA ETA. S. g. e.
471 **Eadgar.** 958—75. Desgleichen. + EADG . A . R REX (u. 2 kl. Halbmonde). Kleines Kreuz. Rv. .·. . IVEN — ONEN ·.· S. g. e.
472 **Ethelred II.** 979—1014. 2 versch. Denare. Bb. u. langes Kreuz. G. e.
473 **Cnut.** 1016—35. Desgl. Bb. m. langem Scepter n. l. Rv. SPAN ON LVNDENE Kreuz. S. g. e.
474 **Heinrich V.** 1413—22. Gold-Rosenobel. Rud. II. n. HY . S. g. e.

175 **Eduard VI.** Crown 1551. EDWARD . VI : D' . G' . AGL' : FRA' : Z : HIBE' : REX : Y : König n. r. reitend. Rv. : POSVI : — DEVM : A — DIVTOR — E' : MEV' . Y Feld. Wappen auf langem Kreuze. S. g. e.

176 Desgleichen m. EDWARD' : VI : D' : G' . AGL' : FRANC' : Z : HIBER' : REX : Y : im Av., u. POSVI . — DEV' . AD — IVTORE' . — MEVM : Y : im Rv. Gut erh.

177 **Maria.** Sovereign. Thronende Königin über d. Fallgatter. Rv. 4feld. Wappen auf offener Rose. Rud. IX. 9. K. 411. S. g. e.

178 **James I.** Med. Bund m. Frankreich u. d. Niederlanden 1609. 10 Zeilen u. 3 Wappen. Fr. 22. v. L. II. 50. 1. 45 Gr. S. g. e.

179 **Charles I.** Hübsche kl. Med. 1630. Geburt Carl II. v. L. II. 188. 2. Fr. 35 Anm., m. FRA' . ET . HIB. 4½ Gr.

180 **Carl II. u. Catharina** v. Portugal. Med. o. J. Beiders. Bb. v. L. II. 471. 1. Fr. 111. 38½ Gr. S. g. e.

181 Anton Earl **Shaftesbury.** Med. auf s. Freisprechung 1681. Bb. n. r. Rv. Ansicht v. London. Fr. 259. 26 Gr. Kl. Loch, sonst s. g. e.

182 **William u. Mary.** Krönung 1689. Beider Bb. Rv. D. thronende Königspaar u. 2 Bischöfe. v. L. III. 379. 6. Fr. 38. 27 Gr. Alter Guss. S. g. e.

183 Tod d. Königin 1694 Ihr Bb. n. l. Rv. MELIORI OR — NATA CORONA. Sarkophag etc. v. L. IV. 183 3. Fr. 365. 57 Gr. Gut erh.

184 Desgleichen. Ihr Bb. n. r. Rv. Schrift. v. L. IV. 189. 2. Fr. 343. Bronze. 50 Mm. S. g. e.

185 **Anna.** Med. 1710. Eroberung v. Bethune, St. Vincent u. Aire. Bb. u. Trophäe. v. L. V. 171. 1. Fr. 220. 44 Gr. Schön.

186 **Georg u. Caroline.** Familienmedaillon 1732. Ihre Bb. gegenüber. Rv. Köpfe ihrer 7 Kinder. Fr. 47. 118 Gr. S. g. e.

187 **Caroline.** Krönungsmed. 1727. Bb. n. l. Rv. 3 Figuren. Fr. 8. 19 Gr. Schön.

188 Charles Herzog v. **Marlborough.** Bronzemed. v. Dassier 1742. Bb. u. Schrift. Fr. 202. 55 Mm. Gut erh.

189 Admiral Lord **Nelson.** Bronzemed. 1798. Bb. v. vorn. Rv. Seeschlacht. 38 Mm. S. g. e.

190 Sr. J. B. **Warren.** Seesieg 12 Oct. 1798. Bb. v. vorn. Rv. 2 Schiffe. Goldbronze. 38 Mm. S. g. e.

191 Arthur Herzog v. **Wellington.** Goldene Miniaturmed. 1811 v. Wyon. Kopf. Rv. Schild u. Schwert. S. schön.

192 Schöne Bronzemed. v. Webb. Kopf n. l. Rv. VOTA PVBLICA im Kranz. 54 Mm.

193 Desgl. 1834 v. Mudie. Erhabener Kopf n. l. Rv. 11 Zeilen. 56 Mm. Schön.

194 Eins. Med. in Metallrahmen m. s. erhabenen Bb. n. l. 60 Mm. Goldbronze. Schön.

195 Bronzemed. 1815. THE ENGLISH ARMY UPON THE SCHELD. Flussgott u. Schiff. Rv. Stier. 41 Mm. Schön.

Frankreich.

196 Merovinger Triens v. **Huy.** ✠ CHOE FICITI ✠ Bb. n. r. Rv. ✠ RIGOALDVS Kreuz auf Postament. Kl. Loch, sonst s. g. e.

197 **Caribert II.** 630—31. Desgl. HTARIBERTVS REX Kopf n. r. Rv. PANNIACIACO FIIT Vase. S. g. e.

498 **Pipin d. Kurze.** 752–768. Denar v. Verdun. Rx F, darüber Strich. Rv. VIR / — / DVN in 2 Zeilen, durch einen Strich getrennt. Gar. 75 etwas Var. S. g. e.

499 **Ludwig d. Fromme.** 814–840. Denar v. Mainz. + HLVDOVVICVS IMP Kreuz. Rv. MO / GON / TIA / CVS in 4 Zeilen. Gut erh.

500 **Carl d. Kahle.** 840—75. Denar v. Blois. Monogr. u. Kreuz. S. g. e.

501 Obol v. Quentovic. Aehnl. Typus. Gut erh.

Ludwig d. Kind s. unter „Elsass, Strassburg".

502 **Louis XII.** Teston v. Mailand. Wappen m. thron. hl. Ambrosius. H. 88 Gn. 15. G. e.

503 **François I.** Teston v. Dauphiné. Bb. u. 4feld. Wappen. H. 53 Var. S. g. e.

504 Desgleichen, ähnlich m. d. Titel v. Dauphiné im Av. H. 56. S. g. e.

505 **Henri II.** 1/2 Teston 1551. Bb. m. hoher Krone. H. 34. Gut erh.

506 Bronzemed. 1552. Bb. n. r. Rv. RESTITVTA / REP . SENENSI . / LIBERATIS OBSID . / MEDIOMAT . PARMA etc., in 9 Zeilen in einem Kranze. 55 Mm. Verg., gel., s. g. e.

507 **Henri IV.** Piéfort d. Denier tournois. 1607. H. 80. S. g. e.

508 **Louis XIII.** Viertelthaler 1615 u. 30. Blumenkreuz u. 3feld. Wappen. G. e.

509 1/2 Thaler 1643. H. 88. S. g. e. nebst 2 Turnosen **Phil. d. Schönen.**

510 **Louis XIV.** Ecu aux 3 couronnes 1709. Mzz. 9. H. 187. Gut erh.

511 1/2 Thaler 1650 u. 1/4 Thaler 1645. H. 76 u. 77. S. g. e. — u. 4 kleinere Münzen.

512 Med. 1692 (v. Nilis). Kopf n. r. Rv. HOC NVMINE FELIX Wappen v. Dunkerque unter d. Sonne. Abschn.: DVNKERCA 1692. v. L. IV. 112. 53 Gr. S. g. e.

513 Bronzemedaillon (v. Faltz). HERCVLES * — GALLOR * AVGVST * Bb. m. Harnisch n. rechts. Rv. COMES CONSILIORVM. Weibl. Genius an einer Säule. 56 1/2 Mm. Scheint unedirt. Schön.

514 3 Bronzemed. 1674 Misserfolg d. holl. Flotte, 1676 Seesieg b. Agosta u. 1677 Erob. v. Cambray. v. L. III. 150, 175 u. 217. 2. 41 Mm. Vers. S. g. e.

515 Desgl. 1679. Nymwegener Frieden. SOCIORUM DEFENSOR v. L. III. 251. 2. 41 Mm. S. g. e.

516 Satyr. Medaille. LVDOVICVS MAGNVS REX Kopf n. r. Rv. GALLIA SVPPLEX--VIRO IMMOR-TALI. Der vor d. Sultan knieende König etc., wie bei v. L. III. 404. 2. Bronze. vers. 38 Mm. S. g. e.

517 **Ludwig XV.** Jeton 1762. Extraordinaire des Guerres. 7 Gr. — u. 6 kl. Münzen. S. g. e.

518 Bronzemed. 1770. Huldigung v. Corsica. Bb. Rv. QUAM SUBLEVATAM FINX. QUOD AVELLATUR FASCIA. Weibl. Genius m. d. Wappen v. Corsica in einer Landschaft. 64 1/2 Mm. S. g. e.

519 **Ludwig XVI.** Ecu constitutionel 1793 u. 1/2 desgl. 1792 (Mzz. A). Gut erh.

520 3 St. 30 Sols (1/4 Thaler) 1791 u. 92 A. 1793 N. 15 S. 1791 I u. AA u. 1792 I, nebst 1/4 Th. 1786. 1/8 Th. 1785, 1/16 Th. 1783 u. 3 Kupferm. 12 St. S. g. e.

521 Med. 1786. Bund m. d. Niederlanden. 9zeil. Inschrift etc. Rv. 2 Wappen. V. v. Loon. 611. 16 Gr. Schön.

522 Ausbeutemed. 1786. LOUIS XVI ROI ET FRERE BIENFAISANT Bb. d. Königs n. r. Rv. HOMMAGE DE TENDRESSE ET DE RECONNOISSANCE. D. König u. s. Bruder vor einem Bergwerke. Abschn. PRÉMICES DE L'OR TIRÉ DES MINES D'ALLEMONT./OFFERTES AU ROI PAR MONSIEUR. M.DCCLXXXVI. Bronze. 69 Mm. S. g. e.

523 Bronzemed. 1790. CONFÉDÉRATION / DES / FRANÇAIS H. 140. 41 Mm. S. g. e.

524 Med. (v. Stierle) auf s. Tod 1793. Kopf n. r. Rv. HEU NIMIS SERO MANANT Trauernde Gallia. 14 Gr. Schön.

525 **Republik.** Thaler 1793 s. g. e. — u. 5 Francs An 7. Schön.

526 2 s. 6 d. der Caisse de Bonne Foy 1791. Henin 346, nebst Franc u. $^1/_2$ Franc An 12 u. 3 Kupferm.

527 **Cisalpinische Republik.** Schöner medaillenf. Scudo à 6 Lire Jahr 8. Mill. 148.

528 **Gaule Subalpine.** 5 Francs An 10. Gut erh.

529 Siege d. Erzherzogs **Carl** 1793. Dessen Bb. Rv. FVSIS/FVGATISQ. GALLIS. etc. H. 502. Achteckig. 19$^1/_2$ Gr. S. g. e.

530 Dieselbe Medaille in Bronze. 34 Mm. S. g. e.

531 L. A. duc de la **Rochefoucauld.** Einseit. Bronzemed. auf s. Ermordung 1792. Bb. n. l. H. 368. 52 Mm. Zierliche Arbeit. S. g. e.

532 Jerome **Petion.** Desgl. 1793 auf s. Aechtung. Bb. n. r. H. 628. 45 Mm. S. g. e.

533 **Napoleon.** 5 Francs An 12, 2 Francs An 13 u. 1806, Francs An 13 (2), 1807 u. 11, $^1/_2$ Franc 1808 u. 12 u. $^1/_4$ Franc An 13. 10 St. Meist schön.

534 Königreich **Italien.** 5 Lire 1812, Lira 1814, 15 Soldi 1808, 5 S. 1809 u. 14, 10 Cent. 1810 u. 4 Kupferm. S. g. e.

535 Med. J. G. m. Bb. n. l. Mill. 15. 12$^1/_2$ Gr. Schön — u. 2 Miniaturmed. auf Krönung u. Vermählung.

536 Ankunft in Frejus. J. 8. 3 Schiffe. Rv. Steh. Figur. Mill. 21. 18 Gr. S. g. e.

537 Bronzemed. 1800. Colonne nationale. Mill. 30. 42 Mm. S. g. e.

538 Med. 1809 d. Handelskammer v. Antwerpen. Bb. u. Flussgott. Mill. 308. 15 Gr. S. g. e.

539 Bronzemed. 1812. PRISE DE WILNA. Cz. 4795. Mill. 274. 40 Mm. S. g. e.

540 **Ludwig Napoleon.** Thaler à 50 St. 1808. Schön.

541 **Joseph Napoleon.** Sicil. Thaler 1808 à 120 Gr. S. g. e.

542 Span. Thaler 1812 u. $^1/_2$ Thaler 1810. S. g. e.

Hieronymus Napoleon s. unter „Hessen".

543 **Joachim Napoleon.** 5, 2 u. 1 Lire 1813. Gut erh.

544 **Felix u. Elise** v. Lucca. 5 Franchi 1807 u. 1 Franco 1806. S. g. e.

545 **Marie Luise.** 5, 1, $^1/_2$ Lire u. 8 Soldi 1815. S. g. e.

546 **Napoleon II.** $^1/_2$ Franc 1816. Probe in Bronze. Schön.

547 **Louis XVIII.** 5 Francs 1814 u. 16. S. schön — nebst Franc 1823, $^1/_2$ Franc 1822, sowie 10 Cent für Guyana.

548 **Charles X.** 5 Francs 1830. Pariser Münzbesuch d. sicilian. Königspaares. 2 Wappen. Rv. 7zeil. Inschr. Rdschr. Glänzend erh.

549 Franc 1825, $^1/_4$ Fr. 1829 u. 30 u. **Henri V.** Franc 1831. S. g. e.

550 **Louis Philippe.** 5 Francs 1848. S. schön.

551 Probe v. Tiolier. Kopf n. r. Rv. PRESSE / MONÉTAIRE / ESSAI / DE LA VIROLE / BRISÉE / 1845, in einem Eichenkranze. Rdschr.: IDUE TOGEREP AL NAFREC * * * 29 Gr. S. g. e.
552 2 Francs 1846, 1 Franc 1831 u. 1/4 Franc 1841, 50 u. 25 Cent. 1846. Schön.
553 **Republik.** 5 Francs 1850, 1 Franc u. 2 St. 1 Cent. 1849. Schön.
554 5 versch. kl. Bronzemedaillen 1848 u. 49. 24—27 Mm. S. g. e.
555 Grosses satyrisches Bleimedaillon LE FAUX—TÉLÉGRAPHE FAUCHER. 75 Mm. S. g. e.
556 **Napoleon,** Präsident. 5 Francs u. 1 Franc 1852 — nebst 2 Kupferm. Schön.
557 **Napoleon III.** u. **Eugenie.** Schöne Bronzemed. 1856. Geburt d. kaiserl. Prinzen. 2 Bbr. Rv. Allegorie. 53 Mm.
558 Med. 1859. Schlacht bei Palestro. Kopf n. l. Rv. Inschrift. $35\frac{1}{2}$ Gr. S. g. e.
559 3 versch. satyr. Bronzejetons 1870. Bb. m. Pickelhaube. Rv. Vampyr. 32 Mm. S. g. e.
560 5 St. 5 u. 10 Centimes m. Pickelhaube, Schlafmütze etc. eingravirt.
561 **Republik.** 5 Francs 1870 (2 Var.), 1871 (Commune), 2 Francs 1870 u. 71 u. 3 Kupferm. Schön.

S. auch unter „Elsass, Strassburg".

562 **Provence. Robert.** 1309—43. Sol coronat. P. d'Av. 89. 18. S. g. e.
563 16 Mittelaltermünzen versch. französ. Herren u. Städte.

Polen.

564 **Sigism. August.** Lithauer Groschen 1566. Wapp. Jastrzebiek. Z. 70. Cz. 548. S. g. e.
565 **Heinrich v. Valois.** Schöne Med. v. Reichel. Bb. u. Schrift. R. 609. Cz. 3431. 44 Gr.
566 **Sigismund III.** Schauthaler 1631. Krieg mit Schweden. Der v. 2 Engeln gekrönte Adler über Schwert u. Scepter. Rv. IMMO — BILIS Auf einem Felsen im Meer ein Obelisk v. Winden bestürmt, oben d. poln. Adler. Mad. 2796. Sch. 1658. R. 82. Cz. 1642. 29 Gr. Gut erh.
567 **Wladislaus IV.** Kronducate 1642. Z. 419. Cz. 1832. Schön.
568 **Johann Casimir.** Med. 1669. Empfang in Frankreich. R. 152. Cz. 2335. 35 Gr. S. schön.
569 **Eleonore,** Gemahlin Michaels. Krönungsmed. 1670. 18 Zeilen auf einem Viereck. Rv. Die „Religion" in einem Wagen etc. R. 172. Cz. 2365. $8\frac{1}{2}$ Gr. Schön.
570 **Johann III. Sobieski.** Med. 1675 auf s. Wahl. IOAN 3 REX POL. Erhab. Kopf n. r. Rv. 16 — AUREA POST LAVREAM — 75 auf einem Bande, darüber Lorbeerkranz unter einer Krone. R. 201. Cz. 2409. 18 Gr. Schön.
571 Schöne Med. v. Reichel. Bb. n. r. Rv. 15 Zeilen. R. 615. Cz. 3437. 49 Gr.
572 Derselbe u. **Maria Casimira.** Med. Beiders. Bb. n. r. R. 206. Cz. 2516. 33 Gr. S. g. e.
573 Christine **Pauli** v. Danzig. Ovale Med. 1689. Ihr Bb. m. reichgesticktem Spitzenschleier v. vorn. Rv. DEUS EST IUSTUS IUDEX etc. In bergiger Gegend die „Wahrheit" auf d. „Lüge", von Löwen, Drachen etc. bedrängt. Cz. 5460. V. 1107. 38 Gr. S. g. e.

574 **Livius Odescalchi**. Bronzemed. 1699. Rv. TVETVR . ET . ARCET. R. 270. Cz. 4802. 60 Mm. S. g. e.

574bis **August II**. Krönungsmed. 1697. Bb. m. dopp. Umschr. Rv. POLONIS SANG= — - VINE IVNCTVS. Stammbaum. R. 269. Cz. 2586. 29 Gr. S. g. e.

575 Bronzemedaille v. Groskurt. Wiederherstellung d. weissen Adlerordens. R. 313. Nicht im Cz. 65 Mm. Gut erh.

576 Med. 1706. Altranstädter Friede. Gott sey in der höh geehrt — der den Frieden hat beschert. Sechs kleine Figuren erheben d. Hände z. hebr. Namen Gottes. Abschn. Alt=Ranstadt + $\frac{14}{24}$ OCTOBER + + 1706 + + Rv. Waß neues! | ist es Fried? etc., in 5 Zeilen; unten 2 Männer. Nicht im R. u. Cz. 25½ Gr. S. g. e.

577 Danziger Med. 1730. Jubilaeum d. Augsburger Confession. Cz. 2679. 26 Gr. Schön.

578 Aehnliche kleinere Medaille. Cz. 2680. 13½ Gr. S. schön.

579 **Maria Lesczynska**. Vermählungsmed. 1725. 2 Bbr. gegenüber. Rv. Vermählungsscene. R. 439. 17 Gr. S. schön.

580 **Stanisl. August**. Ducaten 1785 u. 1791. Cz. 3272 u. 3329. S. g. e.

581 Halber Thaler 1782. Cz. 3250. S. g. e.

582 Probe-Doppelgulden 1771. Kopf n. r. Rv. EXPERTUS CREDIT Hand probirt eine Münze auf einem Steine. Z. 790. Cz. 3131. S. g. e.

583 Med. 1791. Neue Constitution. TERRORE — LIBERA. R. 541. Cz. 3326. 25 Gr. S. schön.

584 Zinnmed. 1788. Beilegung d. inneren Wirren. 2 Figuren vor Friedenstempel etc. Cz. 7894. 47 Mm. S. g. e.

585 Med. 1818. Anwesenheit der Kaiserin-Mutter Maria in Warschau. Ihr Bb. n. l. Rv. 5 Zeilen. Cz. 3523. 27 Gr. S. g. e.

586 **Emigration**. Schöne Br.-Med. 1831. FATA ASPERA VINCES Rv. ILS — REVIVRONT. Cz. 3830. 46 Mm.

587 Med. 1863. Gekr. 3feld. Wappen. Rv. Poln. Inschrift. Cz. 8033. 15½ Gr. Schön.

588 Friedr. Wilh. Fürst **Radziwill**. Schöne Bronzemed. 1870. Kopf n. l. Rv. Wappen. Cz. 6118. 43 Mm.

Portugal.

589 3 Testons v. **Emanuel, Johann III.** u. **Sebastian**. G. u. s. g. e.

590 **Philipp II**. v. Spanien. Desgl. Wappen u. Kreuz, neben d. Wapp.: I — B. Mit Contrem.: 120. G. e.

591 Zinnmed. 1756 auf d. Erdbeben v. Lissabonn. Fern. 41. 47 Mm. S. g. e.

592 **Johann**, Prinz Regent. Schöne Med. d. Stadt Porto 1799. 7 Zeilen. Rv. Die Stadt d. Regenten die Hand küssend. F. 69. 58½ Gr. S. schön.

593 **Maria**. Vermählung ihrer 2 Kinder 1785. Fern. 63. 37 Gr. Schön.

594 **Michael**. Schöne Goldmünze 1830. Bb. u. Wappen. 14 Gr.

Preussen.

595 **Friedrich I**. ⅓ Thaler (Halbgulden) 1701. H. 1165. G. e.

596 Med. 1706 (v. Wermuth). Universität in Frankfurt a. O. Bb. Rv. Pegasus zw. 2 Hügeln d. Parnass. H. 3000. 15 Gr. S. schön.

597 **Friedrich M.** Med. 1757 (v. I. G. H.) Erob. v. Breslau etc. FRIDERICVS MAGNVS REX BORVSSORVM. ETC. Bb. n. rechts (ohne Commandostab). Rv. VELOCIVS — EVRO Knieende Stadt vor d. reitend. Könige etc. 20½ Gr. S. schön.

598 Satyrische Bronzemed. 1759. Bb. v. vorn. Rv. NURNBERG / UND FRANCKFURT etc., in 11 Zeilen. 42½ Mm. Schön.

S. auch No. 458. Prinzessin Fr. Luise s. unter „Brandenburg" No. 85.

599 Feldmarschall **Möllendorf.** Med. 1793. Bb. n. l. Rv. WÜRDIG DES LORBEERS. 2 Figuren. 14 Gr. Schön.

600 **Friedr. Wilh. III.** Bronzemed. v. Kramer. Erhab. Kopf n. l. Rv. SUUM — CUIQUE Pallas (?) m. d. preuss. Wappen v. vorn. 50½ Mm. Verg. S. g. e.

601 Eins. Bronzemed. FREDERIC GUILLAUME III. ROI DE PRUSSE. Bb. n. l. Verzierter Rand. 45 Mm. Schön.

602 Aehnl. eins. Bronzemed. D. Rand geperlt, am Armabschn.: H. 43 Mm. Schön.

603 Med. 1815. Adler u. Schrift. H. 2213. 27½ Gr. S. g. e. — u. Siegesthaler 1871.

604 **Luise.** Einseit. Bronzemed. A. (sic!) DE MECKLENBOURG — REINE DE PRUSSE. Bb. n. r. Rand verziert, wie bei No. 601. 45 Mm. Schön.

605 Feldmarschall **Blücher.** Bronzemed. G. L. VON BLÜCHER—PRINCE OF WAGSTADT Kopf n. l. Rv. HOSPES / BRITANNIARVM / MDCCCXIV. 53 Mm. Schön.

606 General Graf **Wylich u. Lottum.** Schöne Med. 1834. 50jähr. Jubiläum. 57 Gr.

607 **Wilhelm II.** DEM BESTEN SCHÜTZEN. 37 Gr. Schön. — u. 5 glänz. preuss. Kupferm.

Schweden.

608 **Gustav Wasa.** Thaler 15—44. Stiernst. 626. O. 310, aber GVSVAVS ⁘ D ⁘ G ⁘ SWE ⁘ — ⁘ CI ⁘ GOT ⁘ WAN ⁘ RE — X im Av., SALVATOR ⁘ MVNDI ⁘ — ADIWA ⁘ NOS ⁘ 15 ⁘ — 44 im Rv. S. g. e.

609 Mark 1559. Hüftbild u. 3 Wappen. St. 598. O. 352. S. g. e.

610 **Erich XIV.** Thaler 1568. Bb. u. 4feld. Wappen m. Ordenskette. Sch. 1690 Var. St. 720. O. 411. m. ERICVS * XIIII * D * G * SVE * GOT * VAN * QZ * REX * Gut erh.

611 16 Oerklippe 1565. St. 748. O. 438. Zu Maill. 103. 13. S. g. e.

612 **Johann III.** Breiter Doppelthaler o. J. Bb. im Wappenkreise. Rv. Wappen m. 3f. Umschr. Sch. 1963. St. 811. O. 477. S. g. e.

613 **Gustav Adolph.** Augsburger Thaler 1632. Sch. 2035. St. 1253. O. 935. S. g. e.

614 Nürnberger Thaler 1632. Sch. 2038. O. 963. S. g. e.

615 Dicke Kupferklippe 1626 à 1 Oer. St. 1110. O. 821. S. g. e.

616 Dickgulden 1620 auf s. Vermählung mit **M. Eleonore** v. Brandenburg u. deren Krönung. Wie Sch. 2025. Hild. 2. S. g. e.

617 **Christine.** Salvatorthaler 1633. Das Bildniss d. kindlichen Königin bis z. Knie v. vorn, etwas n. l., vor einem Tische, in d. Rechten die Krone, in d. Linken d. R.-Apfel. Sch. 4019c. O. 989. S. g. e.

618 Desgleichen 1646. Gekr. Bb. v. vorn, etwas n. l. St. 1315. O. 1014. S. g. e.

619 Halber Salvatorthaler 1641. St. 1330. C. 1034. S. g. e.

620 Riga. Breiter Doppelducate 1646. Bb. v. vorn zw. Palm- u. Lorberzweig. St. 1477 Var. O. 1249. S. g. e.

621 **Med.** o. J. Erhabener Kopf n. l. Rv. AVITAM. ET. / AVCTAM. Arm m. Krone. H. 39a. 32 Gr. S. g. e.

622 **Carl XI.** 4 Mark 1691. St. 1678. O. 1474. S. g. e.

623 Med. 1671. Empfang des Hosenbandordens. St. Georg. Rv. Hosenbandorden m. 4 verschlungenen C. u. 2 Kronen. H. 25. 36½ Gr. Schön.

624 Krönungsmed. 1675. Bb. n. r. Rv. TV . NVNC. — ERIS . ALTER . AB . ILLO. Samuel salbt den König David. H. 41. 34½ Gr. Gut erh.

625 Schöne Med. o. J. Bb. n. r. Rv. NESCIT. OCCASVM. Nordstern inmitten versch. Sternbilder. H. 106. 59 Gr.

626 **Ulrike Eleonore.** Schöne Krönungsmed. 1680. Hi. 5. 25 Gr.

627 **Carl XII.** Pommern. ⅔ Thaler 1709. St. 2335. O. 2336. S. g. e.

628 Bremen u. Verden. ⅔ Thaler 1698. St. 2366. O. 2321. S. g. e.

629 Zinnmed. 1706/7. QVÄRSNDA FSENMIA FRIDNQVM (rückläufig). Hand m. Blendlaterne. Abschn.: PAX SVEO — SAXONICA / XIV . NOV . 1706 . / ✱ ❀ ✱ Rv. IN MVRIS ET PALATIIS TVIS SIT — PAX ET PROSPERITAS Ansicht einer Stadt. Nicht im Hill. 34 Mm. S. g. e.

630 Medaillon 1708 (v. Westmann). GLORIA . — SVECORVM. Bb. im Harnisch u. Mantel n. r. Rv. IMPAVIDVM . PECTVS. Löwe n. l. m. d. schwed. Wappen. Abschn.: A . MDCCVIII. H. 139. 101½ Gr. Schön.

631 Med. 1710 (von P. H. Müller). Sieg bei Helsingborg. H. 156. 30 Gr. S. schön.

632 **Ulrike Eleonore.** Thaler 1719. Bb. u. Wappen. Sch. 2126. St. 2376. O. 2355. S. g. e.

633 3 Fahluner Bergwerkskupfermarken 1762, 65 u. 90. Neum. 33401. 4 u. 5. S. g. e.

634 **Gustav III.** Schönes Bronzemedaillon auf s. Tod. Kopf n. r. Rv. Apotheose d. Hercules Musagetes. Hi. 93. 57 Mm.

635 **Carl XIV.** Bernadotte. Schöner Jubilaeumsthaler 1821 m. 4 Bbrn. Oeld. 3334.

636 Krönungsmed. 1818. Bb. n. Schrift. H. 25. 9½ Gr. S. g. e.

S. auch No. 458, 467 u. 576.

Spanien.

637 **Ferdinand u. Isabella.** 1474—1516. 2 versch. Doppelducaten mit S u. mit Stern zwischen d. Bbrn. S. g. e.

638 **Johanna u. Carl (V.).** Desgleichen. Bbr. gegenüber, dazwischen C. Rv. Wapp. v. Aragon zwischen C—A. Beiders. Namen. H. 74. 2. Var. Gut erh.

639 **Philipp II.** Piaster 1589. Wie Sch. 2278, M. 2505 u. H. 29. 6, m. HISPANIARV. S. g. e.

640 **Carl II.** Aehnlicher halber Peso 1683. H. 41. 20. S. g. e.

641 **Philipp V.** Piaster 1718 m. R—8 u. S—M; — u. 1730 ohne Buchstaben neben d. Wappen. S. g. e.

642 **Carl III** Schöne Bronzemed. 1765. Rv. Bbr. Carl IV. u. s. Gemahlin Luise v. Parma. 49 Mm.

643 **Ferdinand VII.** Bronzemed. 1820. Zusammenkunft der Cortes. 56 Mm. Schön.

644 3 Ausstellungsmed. in Bronze 1827, 1831 (Valencia) u. o. J. v. Guipuzgoa. 40, 44 u. 47 Mm. S. g. e.

645 **Amadeo.** 5 Pesetas 1871, nebst desgl. v. Carthagena 1873, republik. Peseta 1869 u. kl. Silberm. 1793. S. g. e.

Geistliche Fürsten.

Päpste.

646 2 Mezzo Grossi v. **Urban V.** 1362—70. C. 10 u. **Gregor XI.** 1370—78. C. 13. S. g. e.

647 **Eugen IV.** 1431—47. Zecchino. Wappen u. St. Petrus. C. 2. Sch. C. 1424. S. g. e.

648 **Leo X.** 1513—21. Grosso v. Ravenna. Wappen. Rv. Bb. d. hl. Apollinaris v. vorn. C. 87, Var. m. RAVENE. Gel., g. e.

649 **Hadrian VI.** 1522—23. Zecchino. Wappen. Rv. Fischzug Petri. C. 2. S. g. e.

650 **Clemens VII.** 1523—34. Anonymer Bologner Zecchino. Petrus zw. 2 Wappen. Rv. Löwe v. Bologna. C. 13. S. g. e.

651 2 hübsche Bronzemed. v. **Paul III.** J. 16. Rv. Rom u. **Pius IV.** Rv. Thor. Armand I. 223. 14 u. 245. 13. 40 u. 34 Mm.

652 3 Testons v. **Pius IV.**, Rom, **Gregor XIII.**, Ancona u. **Paul V.** 1615 Rom. G. u. s. g. e.

653 **Urban VIII.** Scudo. J. 12 (v. G. Molo). Rv. Erzengel Michael. C. 55. Sch. 2876. S. g. e.

654 Giulio v. Avignon 1630. C. 204. S. g. e.

655 Scudo v. **Clemens X.** 1675. Rv. Oeffnung der hl. Pforte u. d. **Sedisvacanz** v. 1676. Sch. 2950 u. 58. Gel., sonst s. g. e.

656 **Clemens X.** 2 hübsche Bronzemed. 1671. Rv. 5 Heilige u. o. J. Rv. Fusswaschung. 31 u. 29 Mm.

657 **Innocenz XI.** Teston J. 5. Rv. St. Petrus u. 1685 u. 89. MELIVS EST etc. S. g. e. u. schön.

658 **Sedisvacanz** 1691. Doppelginlio Bologna à 20 Baj. 2 Wappen. Rv. St. Petronius. C. 6. S. g. e.

659 **Innocenz XII.** Scudo 1693. Rv. Erzengel Michael — u. 1698. Rv. Petrus segnet d. Volk. C. 17 u. 27. Sch. 3022 u. 45. Gut u. s. g. e.

660 Halber Scudo J. 6. Rv. Knieender Papst u. Teston 1694. C. 43 Var. u. 61. S. g. e.

661 **Clemens XI.** Scudo J. 6. Rv. Predigt u. $1/2$ Scudo J. 9. Rv. Schrift. C. 55 u. 85. S. g. e.

662 Ferrarer Testons 1710. Av. Bb. n. l. — u. 1717 Av. Wappen. Beide Rv. St. Georg. C. 127 u. 133. S. g. u. g. e.

663 **Benedict XIII.** Med. 1725. Rv. Reiterstandbild Carl M. $56^1/_2$ Gr. Schön.

664 **Clemens VII.** Desgl. 1730. Rv. Justitia. $18^1/_2$ Gr. S. g. e.

665 **Clemens XIV.** Halber Scudo v. Bologna 1773. Wappen. Rv. Kreuz u. 2 kl. Wapp. C. 17. Sch. 3160. Gut erh.

666 Schöne Med. 1773. Aufhebung d. Jesuitenordens. Rv. NVNQVAM NOVI etc. Fernandes 52. 22 Gr.

667 Desgl. auf dieselbe Veranlassung. SALVS GENERIS — HVMANI. Teixeira II. p. 94. 19 Gr. S. g. e.

668 3 schöne Bronzemedaillen Jahr 2, 1769 u. 1772. 33. 31 u. 37 Mm.

669 **Pius VI.** Doppia (à 30 Paoli) 1776. C. 22. S. g. e.

670 Schöner Zecchino auf Ankunft in Bologna 1782. Bb. u. Tempel. C. 89.
671 2 schöne Bronzemed. J. 18 (1792) u. 21. 40 Mm.
672 Bologner Scudi 1796 u. 97. Zu Sch. 3174. S. g. e.
673 Scudo auf d. Proclamirung d. Republik, 27. Piovoso (15. Februar 1798). Rossi 4490. Cin. 3. S. schön.
674 **Pius VII.** 3 Scudi 1800, 1802 u. 1818. Wappen. Rv. Die Kirche auf Wolken. S. g. e.
675 **Sedisvacanz.** 1823. Halber Scudo. B. C. 5. Sch. 3191. S. g. e.
676 Med. d. Marschalls Fürst Augustin Chigi 1823. 7zeil. Inschr. u.Wapp. 11 Gr. S. g. e.
677 Schöne Bronzemed. d. Vicekämmerers Th. Bernetti — u. **Sedisvacanz** 1846 desgl. d. Schatzmeisters Jac. Antonelli. 38 u. 33 Mm.
678 **Gregor XVI.** Halbscudi 1832 u. 35 u. **Pius IX.** 2½ Lire 1867, 2 Lire 1866 u. 67. S. g. e.
679 **Leo XIII.** 5 Lire 1878. Bb. v. vorn. Rv. Wappen. S. g. e.

Erzbischöfe.

Aquileja s. unter „Italien“.

680 **Cambray. Maxim. v. Berghes.** Thaler o. J. D.-Adler über 3 Wappen. Rv. D. hl. Maximilian m. Fahne u. R.-Apf. v. vorn. Sch. 3251. S. g. e.
681 Desgl. 1569. Behelmtes Wappen u. D.-Adler. Sch. 3254. S. g. e.
682 Aehnl. halber Thaler 1569. Versch. v. Weise 734. Gut erh.
683 **Ludwig v. Barlaimont.** Thaler 1572. Sch. 3256. M. 731. Gut erh.
684 **Cöln. Engelbert v. Berg.** 1216—25. Denar. ✠ ENGELBE — RTVS ARC Sitz. Erzbischof v. vorn m. Buch u. Stab. Rv. ✠ BERNEBVRG . CIVITAS Kirche m. 2 Fahnen. Unedirt. S. g. e.

Siehe Abbildung.

685 **Friedr. v. Saarwerden.** 1370—1414. Rieler Ducate. Merle 1. S. g. e.
686 **Theodorich v. Mörs.** 1414—63. 3 Rieler Goldgulden v. versch. Typen. S. g. e.
687 **Ruprecht v. d. Pfalz.** 1463—80. Desgleichen. Thron. Heil. Rv. Blumenkreuz m. 4 Wappen. S. g. e.
688 **Hermann v. Hessen.** als Gubernator. 1473—80. Bonner Goldgulden. Sch. C. 1860. S. g. e.
689 Derselbe als Erzbischof. 2 Bonner Goldgulden m. Titel als ELETI — ECCLE' u. als ARCH—IEPI'. S. g. e.
690 **Philipp v. Daun.** Rheinischer Goldgulden 1509. Sch. C. 1862. S. g. e.
691 **Jos. Clemens v. Bayern.** Bronzemed. 1689. Bb. Rv. Aaron u. d. Rotte Korah. Rdschr. Merle 3. Sch. C. 1910. 43 Mm. S. g. e.
692 Silberne Zwittermed. 1689. Gleicher Rv. Av. Ansicht v. Kaiserswerth, Rheinberg u. Bonn. wie d. Rv. v. Merle 9. 28 Gr. S. g. e.
693 Bronzemed. 1707 auf d. Consecration d. Kurfürsten in Lille durch d. Erzbischof Fénélon v. Cambray. Sein Bb. u. Consecrationsscene. Merle 75. 43 Mm. S. g. e.
694 Desgl. o. J. Bb. n. l. Rv. RECORDABOR FOEDERIS MEI Regenbogen etc. Av. Merle 99. Rv. M. 85. 43 Mm. S. g. e.
695 Desgl. Gleiches Bb. Rv. Taufe. Merle 99. Zu Sch. C. 1917. 43 Mm. S. g. e.
696 Desgl. 1714. Bb. n. r. Rv. FIDES INCONCUSSA. Weibl. Figur an einer Säule. Merle 101. Sch. C. 1916. 43 Mm. S. g. e.

697 Desgl. m. Bb. n. links. Gleicher Rv. S. schön.
698 **Clemens Aug.** 6 Mar.-Gr. 1754 u. **Max Friedr.** 1/3 Thaler 1765. S. g. e.
699 **Ferdin. Aug. v. Spiegel.** Med. 1833. Genesung. Bb. m. dopp. Umschr. n. l. Rv. 5 Zeilen in Kranz. 36½ Gr. S. g. e.
700 **Mainz. Gerlach v. Nassau.** 1346—71. Florentiner Ducate. 2 Var., m. AR.EPS u. AREPVS. S. g. e.
701 **Adolph I. v. Nassau.** 1381—90. Binger Ducate. Thron. Heiliger u. Radschild. P. A. 105. S. g. e.
701bis **Johann II.** Höchster Goldgulden u. **Adolph II.** desgl. v. Mainz. S. g. e.
702 **Dietrich II. v. Isenburg.** Rhein. Goldgulden (m. Titel als Erzbischof). 4feld. Wappen auf langem Kreuz. Rv. 3 Wappen. P. A. 192. C. 690a. S. g. e.
703 **Uriel v. Gemmingen.** Rhein. Goldgulden 1509. P. A. 219. S. g. e.
704 **Albert v. Brandenburg.** Rhein. Goldgulden o. J. P. A. 278. S. g. e.
705 Desgleichen 1515. P. A. 234. S. g. e.
706 **Wolfgang v. Dalberg** Bettlerthaler 1586. Sch. 3503. P. A. 303. S. g. e.
707 **Joh. Adam v. Bicken.** Desgleichen 1602. Sch. 3509. P. A. 315. S. g. e.
708 **Ans. Casimir v. Wambolt.** Doppelducate 1644. Bb. u. Wappen. P. A. 406. S. g. e.
709 Ducate 1642. Wappen u. Schrift. P. A. 395. S. g. e.
710 **Joh. Phil. v. Schönborn.** Schöner Thaler 1652. Bb. v. vorn. Rv. Madonna. Sch. 4883. P. A. 430.
711 Desgleichen o. J. mit Bb. n. rechts. Sch. 4884. P. A. 454. S. g. e.
712 **Lothar Friedr. v. Metternich.** Gulden 1675. Sch. 3561. S. g. e. — u. 4 kl. geistl. Silberm.
713 **Anselm Franz v. Ingelheim.** Halber Guldenthaler 1680. P. A. 506. S. g. e.
714 **Lothar Franz Gf. Schönborn.** Medaillon (v. Werner) auf seinen 1729 in Pommersfelden erfolgten Tod. Bb. n. r. in Hermelin. Rv. TERRENA — RELINQUO 2 Genien vor d. Schlosse, darüber z. Himmel fliegender Adler. Abschn.: LEVCOSTHENIVM IN CAMPIS POMERANICIS / CONDITVM. 119 Gr. Hell. 328. S. g. e.
715 Bronzemed. (von P. H. M.) Bb. Rv. NON NISI CONIVNCTIS RADIIS Hand m. Brennspiegel. Av. Heller 316. Rv. H. 315. P. A. 565. 44 Mm. S. schön.
716 **Joh. Friedr. Carl v. Ostein.** Huldigungsmedaille 1744. 7zeil. Inschr. Rv. Hund m. Wappen etc. P. A. 601. 5 Gr. S. g. e.
717 Thaler v. **Emmerich Joseph.** 1766 u. 69 u. v. **Friedr. Carl Joseph** 1794. Sch. 3603, 7 u. 19 (ohne I. L.) S. g. e.

Carl v. Dalberg s. unter „Städte", Frankfurt a. M.

718 **Olmütz. Carl v. Lichtenstein.** Thaler 1695. Sch. 3642. M. 852. Schön.
719 **Carl v. Lothringen.** Thaler 1704 u. 5. Sch. 3647 u. 49. S. g. e.
720 Halbthaler dess. 1704 u. v. **Wolfgang v. Schrattembach.** 1717 u. 1737. Sch. 3648, 59 u. 73. S. g. e.
721 **Jac. Ernst v. Lichtenstein.** Halbthaler 1740. Aehnl. Sch. 3676 (v. 1739). S. g. e.
722 **Anton Theodor Graf Colloredo.** Desgleichen 1779. Sch. 3682. S. schön.
723 **Salzburg. Joh. Jac. Khuen v. Belasy.** Thaler 1562. Sch. 3727 H., m. 2 Sternchen neb. d. Inful. Henkelspur. Gut erh.
724 Guldenthaler 1574. Aehnl. Sch. 3753, aber E: (sic!) DEC: u. die S alle verkehrt. Rohe Arbeit u. wohl auch geringhaltiger als sonst. Gut erh.
725 **Marcus Sitticus.** Thaler 1614. Wie Sch. 3798. Gut erh.
726 **Paris Graf Lodron.** Thaler 1624 u. Prozessionsgulden 1628. Sch. 3838 Anm. u. 3846. S. g. e.

727 Thaler v. **Franz Anton** 1716 u. v. **Leopold** 1733. Sch. 3874 u. 79. S. g. e.

728 **Andreas Graf Dietrichstein.** Schöner Thaler 1752. Madonna. Rv. St. Rupertus. Sch. 3886.

729 **Trier. Cuno v. Falkenstein.** 1362—88. Ducate v. Oberwesel. Petrus zw. 2 Säulen. Bohl 7. S. g. e.

730 **Raban v. Helmstädt.** Goldgulden 1436. 4feld. Wappen auf langem Kreuze. Rv. 3 Wappen in's Kleeblatt gestellt. B. 2. S. g. e.

731 **Carl Caspar v. d. Leyen.** Guldenthaler 1675. M 5647. Sch. 3992, aber im Rv. nur einfache Punkte. S. schön.

732 **Joh. Hugo v. Orsbeck.** Sterbethaler 1711. 3 Wapp. m. dopp. Umschr. Rv. 8 Zeilen. Sch. 4021. M. 428. B. 155. S. g. e.

733 **Carl v. Lothringen.** Desgleichen 1715. 15 Zeilen. Rv. Wappen. Sch. 4023 Anm. M. 429. B. 15. S. g. e.

734 **Franz Georg Graf Schönborn.** Halber Sterbethaler 1756. Wappen u. 10zeil. Inschr. Sch. 4031. B. 47. S. schön.

Bischöfe u. Abteien.

735 **Augsburg. Joh. v. Hessen.** $\frac{1}{2}$ Thaler 1744. Bb. u. 2 Wapp. Sch. 4063 Anm. G. e.

736 **Bamberg. Franz Conrad Graf Stadion.** Wahl-Med. 1753. Bb. Rv. 2 Figuren vor d. bischöflichen Stuhle. Sch. C. 2351. 22 Gr. S. g. e.

Bisthum Basel, sowie Abtei Beromünster s. unter „Schweiz".

737 **Breslau. Jos. Fürst Hohenlohe.** Ducate 1796. Bb. u. Wappen. Saurma 245. S. schön.

S. auch No. 425.

738 **Brixen. Sedisvacanz** 1791. Medaille ($1\frac{1}{2}$ f. Thaler). Sch. 4123. 43 Gr. S. g. e.

Bisthum Chur u Constanz s. unter „Schweiz". Deutscher Orden s. No. 425.

739 **Eichstädt. Joh. Euch. Schenk v. Castell.** Thaler 1694. Sch. 4141 — nebst 2 halben Contributionsthalern 1796. S. g. e.

740 **Ermeland. Ad. Stanisl. Grabowski.** Inthronis-Med. 1742. Bb. u. Wappen. Racz. 415. Cz. 3895. 29 Gr. S. g. e.

741 **Freising. Joh. Franz Egker v. Kapfing.** Thaler 1709. Sch. 4201. M. 804. Gut erh.

741bis **Sedisvacanz** 1788. Medaille. Sch. 4204. 35 Gr. Schön.

742 **Jos. Conrad v. Schroffenberg.** Thaler o. J. Sch. 4205. S. g. e.

743 **Fulda. Heinr. v. Bibra.** Schöner Conventionsgulden 1762. Mad. 3442. Sch. 4231.

744 **Adalb. v. Harstall.** Ganzer u. halber Contributionsthaler 1796 m. Bb. u. Wapp. Sch. 4236. S. g. e.

745 **Halberstadt. Albert v. Brandenburg.** Thaler 1542. Sch. 4263. Gut erh.

746 Desgleichen 1545. Sch. 4271∠. Gut erh.

Kloster Heiligkreuz s. unter „Elsass".

747 **Lübeck. Joh. Adolph v. Holstein.** Thaler 1606. Av. Bildniss bis an d. Leib m. Streitkolben u. Umschr. wie Sch. 4366. Rv. D.S.H.S.E.D.—.C.O.E. D.M.N.S (sic!) 3fach beh. 7feld. Wappen, zwischen d. Helmen vertheilt: 1—6—0—6, etwas darüber neben d. mittleren Helme: M—P. Unedirt. Gut erh.

748 Halber Thaler 1606. Bb. Rv. Wappen m. 3 kleinen Helmen. Aehnl. Sch. 4372 (v. 1607), aber: ET: HOLST: u. and. Var. S. g. e.
749 **Lüttich** Sedisvacanz. 1763. Thaler. Sch. 4490. M. 6421. S. g. e.
750 **Münster.** **Christ. Bernh. v. Galen.** Thaler 1652. Sch. 4512. M. 3339. S. g. e.
751 **Sedisvacanz.** 1719. Medaille (1½ f. Schauthaler). Sch. 4582. S. schön.

Abtei Murbach s. unter „Elsass".

752 **Paderborn.** **Herm. Werner v. Metternich.** Thaler 1693 m. hl. Anton etc. Sch. 4657. S. g. e.
753 **Sedisvacanz** 1719. Schauthaler. Sch. 4665. M. 3370. S. g. e.
754 **Passau.** **Joh. Phil. Gf. Lamberg.** Schöner halber Ducate 1709. Monogr. unter Cardinalshut. Rv. Wappen.
755 **Quedlinburg.** **Dorothea v. Sachsen.** Breiter Thaler 1617 m. steh. Kaiser Heinrich. Sch. 5258. M. 970. S. g. e.
756 **Regensburg.** **Anton Ign. Gf. Fugger.** Thaler 1786. Bb. u. Wappen. Sch. 4739. S. g. e.
757 **Sedisvacanz** 1787. Thaler. Sch. 4740. S. g. e.
758 **Speier.** **Lothar Friedr.** Gulden 1665. Sch. 4777. Mit Contrem. v. Strassburg. S. g. e.
759 **Stablo.** **Christ. v. Manderscheid.** Thaler 1567. Sch. 5216. S. g. e.

Bisthum Strassburg s. unter „Elsass".

760 **Thoren.** **Margar. v. Brederode.** Thaler o. J. Madonna über 4feld. Wapp. Rv. Engel m. Adlerschild. Sch. 5286. M. 977. G. e.
761 Desgl. 1569. 4feld. Wapp. u. D.-Adl. Sch. 5302, aber THORE. S. g. e.
762 **Werden u. Helmstädt.** **Anselm v. Sonius.** Schöner Thaler m. d. beiden Stiftskirchen 1765. Sch. 5242.
763 **Worms.** **Franz Georg Gf. Schönborn.** Ducate 1750. Bb. m. Hermelin n. r. Rv. Das v. 2 Löwen geh. Wappen unter d. strahl. Dreieck u. über einem Bande, das d. Wahlspruch: PRO LEGE—ET—GREGE trägt. Ganz unten: 1750. S. schön.
763bis **Würzburg.** **Melchior Zobel v. Giebelstadt.** Thaler 1554. Av. Sch. 4841. Rv. Sch. 4839. S. g. e.
764 Aehnlicher halber Thaler 1552. Sch. 4835. Z. g. e.
765 **Joh. Gottfr. v. Guttenberg.** Hübscher Viertelthaler 1696. Bb. u. Wappen Sch. 4898. M. 6452.
766 **Joh. Phil. v. Greiffenklau.** Schöner Thaler mit Bb. u. Madonna 1707. Mad. 919. Sch. 4903.
767 **Joh. Phil. Franz Gf. Schönborn.** Gr. Bronzemedaillon. Bb. n. r. Rv. QVIA TV ES DEVS FORTITVDO MEA. Wappen auf Hermelin. 74 Mm. S. g. e.
768 **Christ. Franz v. Hutten.** Wahlmed. 1724. Rv. **TRIPLEX DIFFICILE RVMPITVR.** 3 alleg. Fig. Zinn. 50 Mm. Schön.
768bis **Sedisvacanz** 1749. Schauthaler. Sch. 4912. S. g. e.
769 **Adam Friedr. Gf. Seinsheim.** Herzogsthaler 1766. Bb. Rv. St. Kilian neben d. Wappen. Sch. 4935. M. 6458. Schön.
770 **Franz Ludw. v. Erthal.** Thaler 1786. Rv. Genius vor einem Postament etc. Sch. 4943. S. schön.
771 **Georg Carl v. Fechenbach.** 2 Contributionsthaler 1795. Rv. Wappen u. Rv. Schrift. Sch. 4949 u. 51. S. g. e.
772 **Erzh. Ferdinand.** Med. 1810. Besuch d. Pariser Münze. Kopf u. 7zeil. Inschr. Blei, bronzirt. 33½ Mm. Schön.

Weltliche Herren.

Anhalt.

773 **Wolfgang, Johann, Georg u. Joachim.** Harzgeroder Ausbeute-Thaler (15)39. Beiders. 2 Bbr. Sch. 5313. M. 985. S. g. e.

774 **Joh. Georg** zu Dessau. Gulden 1674. Sch. 5344. S. g. e.

775 **Leopold.** (D. alte Dessauer.) Schauthaler auf s. Geburt 1676. Rv. Vase. Sch. 5356a Anm. M. 996. 31 Gr. S. g. e.

776 Med. 1747 auf s. Tod. Bb. v. vorn, etwas n. l., m. dopp. Umschr. Rv. Sarkophag etc. 14 Gr. S. g. e.

777 **Leopold Friedr. Franz.** Med. v. Jessnitz auf s. 50jähr. Regierung. Bb. n. l. m. dopp. Umschr. Rv. Die Stadt vor einem Postament. 12½ Gr. S. g. e.

778 **Leopold Friedrich.** Doppelthaler 1843. Kopf n. l. Rv. Wappen. Sch. 5357. Schwalb. 7. Stglz.

779 Glänzender Vereinigungsthaler 1863. Schwalb. 9, nebst 2-Markst. v. **Friedrich** 1876.

780 **Christian II.** zu Bernburg. Ovale Med. 1606. Bb. n. r. Rv. PERENE SVB POLO NIHIL — ∗ M. DC—VI. Wapp. unter d. Fürstenhut. Bronze. $^{33}/_{41}$ Mm. Verg., gel. G. e.

781 **Victor Friedrich.** Gulden 1727 à 24 Mariengr. Sch. 5362. M. 3475a. S. g. e.

782 **Friedr. Albrecht.** Gulden 1793. Sch. 5372. S. g. e.

783 **Alex. Friedr. Christian.** Thaler 1806 u. ½ Thaler 1799. Schrift u. Wappen. Sch. 5375 u. 74. S. g. e.

784 **Alexander Carl.** Doppelthaler 1840. Kopf n. r. Rv. Wappen. Sch. 5378. Schw. 2. Stglz.

785 **Wilhelm** zu Harzgerode. Ausbeutethaler 1694. Bb. n. r. Rv. Schrift. Sch. 5384. M. 999. S. schön.

786 **Carl Ludwig** zu Schauenburg. Holzappeler Ausbeutethaler 1774 (in Frankfurt geprägt). Sch. 5391. S. g. e.

787 **Ludwig** zu Cöthen. Sterbethaler 1650. 9zeil. Inschrift. Rv. Wappen. Sch. 5396. M. 1004. S. g. e.

788 **Eman. Lebrecht.** Med. 1704 auf s. Tod. Av. Sein Bb. wie b. Sch. 5399△. Rv. Bbr. s. Eltern Emanuel u. Anna Eleonore v. Stolberg. 30 Gr. S. g. e.

789 **August Ludwig.** 1⅓ f. Thaler 1747 m. Bb. Sch. 5401. M. 3481. S. schön.

790 **Carl Georg Lebrecht.** Schöne Med. 1755 auf s. Regierungs-Antritt. 3 Genien m. d. Medaillon d. Fürsten. Rv. Landschaft m. aufgehender Sonne. Sch. C. 3238. 44 Gr.

791 **Heinrich.** Doppelthaler 1840. Kopf n. l. Rv. Wappen. Sch. 5404. Schw. 6. Stgl.

792 **Carl Wilhelm** zu Zerbst. Gulden 1678. Sch. 5421. S. g. e.

793 2 versch. dgl. von 1676, mit geradstehender Jahrz., gut erh. — u. mit gebogener Jahrz., schön Fehlen Sch. - R. u. versch. v. Weisse 961. 3. u. 4.

794 **Joh. Ludwig u. Chr. August.** Gulden 1742. 2 Bbr. Rv. Wappen. Sch. 5426. M. 3489. S. g. e.

Baden.

794bis **Aug. Georg.** Med. 1770 auf d. Ernennung d. sel. Markgr. Bernhard z. Landespatron. Bb. Rv. 11 Zeilen. Berst. 139. 29 Gr. S. g. e.

795 **Carl II.** Guldenthaler 1575. CAROLVS + D + G + MARCH BADENSIS u. ein angelartiges Mzz. 5feld. Wappen, darüber: 15.75, neben: 2 kl. Kreuzchen. Rv. MAXIMILIANI + IM + AV + P + F + D + R Gekr. D.-Adler, m. 60 auf d. Brust. Sch. 5453-5. B. 150. S. g. e.

Siehe Abbildung.

796 **Ludwig Wilhelm.** Gulden 1704. Bb. u. Wappen. M. 3494. Sch. 5451. B. 132. Gut erh.

797 **Georg Friedrich.** Thaler 1622. Sch. 5461. M. 1023. B. 169. S. g. e.

798 **Friedrich V.** Thaler 1629. Geharn. Bildniss bis an d. Leib m. Commandostab n. r. Rv. Wappen mit 10 Helmen. Sch. 5483. M. 3499. Berst. 198 (HA st. HO im Av.) S. g. e.

799 **Johanna Elisabeth** (Tochter v. Friedr. Magnus). Med. 1697 auf ihre Vermählung m. Eberh. Ludwig v. Württemberg. 10zeil. Inschr. m. Umschr. Rv. 3 Hände. Nicht im Berst. Bi. p. 172. 82. 11 Gr. S. schön.

800 **Carl Wilhelm.** Med. Bb. n. r. Rv. QUIESCO. Ruh. Löwe in Landschaft. Abschn.: A. MDCCXXXVI. I. DASSIER. Berst. 247. $31\frac{1}{2}$ Gr. S. g. e.

800bis Viertelthaler à 30 Kreuzer mit Bb. 1735. B. 271. Gut erh.

801 **Magdal. Wilhelmine u. Carl Aug.** Schöner Gulden 1740. Sch. 5492. M. 3501. B. 277. Binder p. 610. 55.

802 **Carl Friedrich.** Rheinsandducate 1807. Berst. 331. S. g. e.

803 2 versch. Thaler 1766. Sch. 5498 u. 99. B. 305 u. 6. S. g. e.

804 Schöner grossherzoglicher Thaler 1811. Sch. 5504 Anm. B. 343.

805 Schöne Med. 1803. Huldigung d. Pfalzgrafschaft in Mannheim. Bb. u. 8 Zeilen. B. 507 b. (pl. XXXIX 477). $14\frac{1}{2}$ Gr.

806 **Carl.** Bronzemed. 1806 auf s. Vermählung. Mit Kopf Napoleons. B. 347, jedoch mit ANDRIEU F. am Halsabschn. 41 Mm. Schön.

807 Desgl., m. DROZ FECIT. am Halzabschn. u. DENON DIREX. / M. DCCC. VI. 40 Mm. S. g. e.

807bis **Ludwig.** Thaler 1829 im Kronenthalerfuss. B. 366. Sch. 5509. S. g. e.

808 **Leopold.** Doppelthaler 1852. Schwalb. 13. Schön.

809 Schöne Bronzemed. 1834. Erhab. Kopf n. r. Rv. Denkmal d. 400 Pforzheimer in Wimpfen. B. p. 171. 529. 44 Mm.

810 **Friedrich.** als Prinzregent. Doppelthaler 1854. Schw. 15. Sehr schön.

811 Ders. als Grossherzog. Med. 1881 auf Vermählung der Prinzessin **Victoria** mit d. Kronprinzen v. Schweden. Köpfe des Brautpaares. Rv. 2 Wappen unter Krone auf einem Postamente, v. Kranz umgeben. Auf d. Postamente: DEN 20 SEPTEMBER 1881. $37\frac{1}{2}$ Gr. S. schön.

812 Desgl. Brustbilder des Brautpaares. Rv. GODHET — VINNER Aehnl. Darstellung, aber im Abschnitt 3zeil. Inschrift. $12\frac{1}{2}$ Gr. S. schön.

813 Bronzemed. auf dies. Veranlassung. Gleicher Av. Rv. Flammender Altar 31 Mm. Schön.

814 Desgl., ebenso, aber A. L. vor d. Bbrn., während sie bei voriger hinter d. Bbrn. stehen. 31 Mm. S. g. e.

815 **Bayern. Albert.** Goldgulden 1506. K. 2046. Wappen im Dreipass. S. g. e.
816 **Maximilian.** Schöner Doppelducate 1612. Kurfürst vor d. Mad. knieend. Zu K. 968. S. g. e.
817 **Max Joseph.** 2 glänzende Ducaten 1807 u. 11. Kopf u. Wappen.
818 Bronzemed. (2 Francs in Bronze) auf d. Besuch des Kronprinzen Ludwig in d. Pariser Münze 1806. Bb. d. Königs. Rv. 6 Zeilen. Rdschr. 28 Mm. S. schön.
819 Desgl. auf d. Besuch d. Königspaares in d. Pariser Münze 1810. Wappen u. 7 Zeilen. 28 Mm. S. schön.
820 Bronzemed. 1824. Sein Kopf. Rv. Theater. 46 Mm. Schön.
821 **Ludwig.** Doppelthaler 1837 Münzverein — u. 1842 Vermähl. d. Kronprinzen. Schw. 22 u. 28. S. g. e. u. schön.
822 2 Geschichtsconventionsthaler: 1827 Ludwigsorden u. 1828 Segen d. Himmels. Schön.
823 2 desgleichen: 1829 Handelsvertrag u. 1830 Bayerns Treue. Schön.
824 2 desgleichen: 1832 König Otto u. 1833 Denkmal d. 30000 Bayern. Schön u. s. g. e.
825 **Ludwig II.** Schöner Siegesthaler 1871 — nebst Badischem 2 Kreuzer 1737.
826 **Berg. Friedrich.** Thaler 1579 à 30 St. Bb. n. l. Rv. Behelmtes Wappen. Serr. 76. Verk. 30. 4. S. g. e.
827 **Brandenburg. Albrecht** Achilles 1470—89. Schwab. Goldgulden. H. 140. 2 Var. S. g. e.
828 **Friedrich III.** Bronzemedaillon auf d. Einnahme v. Bonn 1689. Rv. SALVS . PROVINCIARVM. D. liegende Rhein. v. L. III. 423.2. 57 Mm. S. schön.
828bis Markgraf **Friedrich.** Schwabacher Goldgulden 1507. S. g. e.
829 **Georg u. Albrecht.** Thaler 1537. Bbr. gegenüber, darunter d. Jahrzahl. Sch. 5995. M. 6506. S. g. e.
830 **Christian.** Thaler 1624. Bb. m. Commandostab u. Helm. Rv. Wappen. Sch. 6076. M. 1047. S. g. e.
830bis **Joh. Friedrich.** Gulden 1677. Bb. u. Wapp. Sch. 6156 Var. S. g. e.
831 **Christiane Charlotte.** Schöner vormundsch. Thaler 1727. Bb. n. l. Rv. 2 Wappen. Sch. 6178. M. 3542.
832 **Carl Wilh. Friedrich.** Schöner Ducate 1747. Bb. Rv. 2 Wapp. auf Hermelin. K. 1751 Var.
833 Med. 1736. Geburt d. späteren Markgrafen Alexander. Bb. d. Markgrafen u. s. Gemahlin **Fr. Luise** v. Preussen gegenüber. Rv. Die Markgräfin m. d. Neugeborenen. Spiess IV. p. 57. 13½ Gr. S. schön.
834 **Braunschweig. Heinrich jr.** Thaler (15)6—3. Sch. 6400, aber E LVNEBVR ⁑ u. Mzz. Doppelkreuz. S. g. e.
835 **Julius.** Lichtthaler 1572. Wie Sch. 6423, m. BRVNSWI: ET: LVNE*. S. g. e.
836 **Elisabeth** v. Holstein. Sterbethaler 1626. Wapp. m. dopp. Umschr. Rv. 12 Zeilen. Leichte Henkelspur, sonst s. g. e.
837 **August jr.** Breiter 1½ facher Thaler 1664 m. reitendem Herzoge. Sch. 6887. S. g. e.
838 Erster Glockenthaler m. Bb., s. g. e. — u. zweiter Glockenthaler. Schön.
839 **Ludwig Rudolph.** Bronzemedaillon 1715. Bb. n. r. Rv. LAVS RECTI DIVTVRNA BEAT. Ross n. l. vor bergiger Landschaft. 58 Mm. Kn. 8040. S. schön.
840 **Carl.** Ausbeutethaler 1744 d. Grube „Weisser Schwan". Sch. 7014. S. g. e.

841 Desgleichen 1752 d. Grube „Cronenburgs Glück“. Sch. 7050. M. 3661. S. schön.
S. auch No. 429.

842 **Curland. Peter Biron.** Thaler 1780. Kopf n. r. u. 2 Wappen. Sch. C. 5008. S. g. e.

843 **Eggenberg. Joh. Ulrich.** Doppelthaler 1629. Wie der einfache M. 6986 u. Sch. C. 5018. S. g. e.

843bis **Joh. Christ. u. Joh. Seifried.** Thaler 1658. Sch. C. 5026. M. 1651. S. g. e.

844 **Erbach. Georg Albrecht.** Gulden 1676. Bb. n. r. Rv. Wappen auf 2 Palmzweigen. Weise 1615 ². S. g. e.

845 **Friedberg.** Gulden 1766. M. 5493. Sch. C. 5042. S. g. e.

846 **Fugger. Franz Ernst** zu Glött. Schöner, in Augsburg gepr. Thaler 1694. Mad. 1694.

846bis **Henneberg.** Ausbeutethaler 1697. Henne im Kranz. Rv. 2 von 2 Bergleuten geh. Wappen. M. 1557. Geh. gew., sonst s. g. e.

847 **Hessen-Cassel. Carl.** Zinnmedaille v. Hedlinger auf s. Tod. Bb. n. r. Rv. Pyramide. 52 Mm. H. 1829. S. g. e.

848 **Friedrich II.** Ducate 1775 aus Eddergold. Geharn. Bb. n. r. Rv. SIC. FVLG. LITORA. ADRANÆ. AURI. FLVÆ. Flussgott vor d. Edder, an deren Ufer Häuser, im Hintergrunde ein Berg. H. 2449. Sehr schön.

849 **Hieronymus Napoleon.** Franc 1808. Z. g. e. — nebst $^1/_6$ Th. 1809 u. 20 Cent. 1812.

850 Bronzemed. 1807 auf s. Vermählung m. Catharina v. Württemberg. Wie H. 3158, aber unter d. Kopfe d. Kaisers: ANDRIEU F. / DENON DIR.T u. im Rv. F. C. S. DE WURTEMBERG. 41 Mm. Schön.

851 Desgl. 1807. Besuch d. Pariser Münze. H. 3159. 41 Mm. S. schön.

852 Einseit. Bronzemed. (Plaquette.) JEROME NAPOLEON ROI DE WESTPHALIE. Bb. m. Ordensband u. Stern n. l. Nicht im Ho. 49 Mm. S. schön.

853 Dieselbe Medaille in gelber Bronze. 49 Mm. S. g. e.

854 Desgl. Etwas kleinere Schrift, mit JÉROME NAPOLÉON. Sonst wie Vorige. 45 Mm. S. g. e.

855 Dieselbe Medaille in brauner Bronze. S. schön.

856 Aehnliche ovale Bronzemed. Ohne die Accents auf den E. $^{33}/_{39}$ Mm. S. schön.

857 **Mitregentschaft.** Doppelthaler 1842. Schw. 124. H. 3015. S. g. e.

858 Halber Ducate 1835 aus Eddergold. Av. ACTIEN / GOLDWASCHE A. D. EDDER. Rv. BEGONNEN / 1832. / BEENDIGT / 1835. H. 2983. Schön.

859 **Hessen-Darmstadt. Anna Eleonore** v. Braunschweig. $^1/_4$ Sterbethaler 1659. H. 3321. P. A. 1565. S. g. e.

860 **Juliane** v. Ostfriesland. Halber Sterbethaler 1659. 12zeil. Inschr. u. Wappen. H. 6505. P. A. 1567. S. g. e.

861 **Georg.** Ducate 1656. Bb. n. l. u. Wappen. H. 5338. P. A. 1629. Gut erh.

862 **Ernst Ludwig.** Halber Ducate 1703. Bb. u. Wappen. H. 3533. P. A. 1742. S. g. e.

863 Gulden 1693. M. 5788. H. 3467. P. A. 1685. Gut erh.

864 **Ludwig VIII.** Med. o. J. Bb. n. r. Rv. WER GOTT VERTRAUT SEIN HÜLFFE / SCHAUT, zw. 2 Zweigen. H. 3912. 11 Gr. S. g. e.

865 **Ludwig III.**, als Mitregent. Pressfreiheitsgulden 1848. H. 4329. P. A. 2347. Schwalb. 169. Schön.

866 **Hohenlohe. Ludwig Friedr. Carl.** Thaler 1770. M. 6791. Albr. 168. Sch. C. 5134. Gut erh.
867 Thaler 1797 m. Bb. n. links. Albr. 182. S. g. e.
868 **Hohnstein. Volcmar Wolfg u. Ernst.** Thaler 1561. M. 1729. S. g. e.
869 **Ernst.** Thaler (15)81. M. 1731. S. g. e.
870 **Holstein. August** zu Norburg. Thaler 1676 auf Beendigung d. oldenburgischen Successionsprocesses. M. 1293. Sch. C. 3987. S. g. e.
871 **Leiningen. Joh. Ludwig.** Albus 1624. 4feld. Wapp. u. D.-Adler. Joseph 19 d. (m. Speierer Contrem.) S. g. e.
872 **Georg Wilhelm.** $^1/_4$ Gulden (15r) 1691. Jos. 102b. Gut erh.
873 Sechser 1689. Bb. n. r. Rv. Adler v. vorn m. rechtsgewandtem Kopfe. Jos. 99c. S. schön.
874 **Leuchtenberg. Georg.** Thaler 1544 m. steh. Ritter St. Georg. Sch. C. 4054, aber AV getrennt. S. g. e.
875 Desgleichen 1547. Sch. C. 4064. S. g. e.
876 **Liechtenstein. Franz Jos.** Halber Thaler 1778. Bb. u. Wappen. Wie Sch. C. 5237. Gut erh.
877 **Lippe. Friedr. Adolph.** Viertelthalerklippe 1713 auf s. 46. Geburtstag. Bb. Rv. 12 Zeilen. S. schön.
878 **Lothringen. Johann I.** 1346—89. Groschen v. Nancy. Adler über d. Wappen. Rv. Schwert zw. 2 Rosen. d. S. VI. 11. S. g. e.
879 **Carl IV.** Teston v. Remiremont 1638 (3 verkehrt), sonst wie de S. XXVII. 1. S. g. e.
880 Desgl. v. Nancy 1665. S. g. e., nebst 8 Lothr. Silber- u. Billonm.
881 Bronzejeton v. Nancy 1729 u. Liards 1727 u. 28. nebst 2 doubles liards 1633 v. Lixheim.
882 **Mansfeld. Bruno sr., Wilh., Joh. Georg u. Volrath.** Thaler 1613. H. XV. 19. S. g. e.
883 **Joh. Georg, Peter Ernst u. Joh. Hoyer.** Thaler 1578 m. Rud. II. Titel H. LVII. 4. Gut erh.
884 **Joh. Georg II.** Sterbethaler 1647. 8zeil. Inschrift. Rv. DEN — NOCH — 1 ※ 6 ※ — ※ 4 ※ 7 ※ St. Georg n. r. In d. Umschr. 3 kl. Wäppchen. H. LXIX. M. 1809. S. g. e.
885 **Peter Ernst, Christ. u. Joh. Hoyer.** Thaler (15)69. St. Georg. Rv. 2 Wappen. Aehnl. H. LXXIX. 10, m. COMI. S. g. e.
886 **Volrath Wolfg. u. Joh. Georg.** Goldgulden 1620. St. Georg u. 3 Wappen. H. CX. S. g. e.
887 Dieselben. Thaler 1621. H. CIX. 5. S. g. e.
888 **Volrath.** Sterbethaler 1627. H. CXVI. M. 1796. Gut erh.
889 **Gebh., Joh. Georg u. P. Ernst.** Thaler 1552. St. Georg hinter d. Wappen stehend. Rv. 4feld. Wapp. m. 2 Helmen. H. CXXVI. 7. S. g. e.
890 **Christoph.** Thaler (15)89. Rv. D.-Adl. u. Rud. II. Titel. H. CXXXIV. 11. S. g. e.

891 **Albert, Phil. u. Joh. Georg.** Thaler 1542. H. CXLI. 3, m. COMI. E. DOMI. IN. MANSFE. S. g. e.
892 **David.** Talismanthaler 1610. BEI GOT etc. quer über d. Wappen. H. CLIV. 6. S. g. e.
893 Desgleichen. BEI. GOTT etc. als Umschrift. Av. Im Abschn. unter d. Ritter: 1626. In d. Rv.-Umschr. 16—21. H. CLVIII. 19. S. g. e.

894 **Friedr Christoph.** Thaler 1630. H. CLXXXIII. 8. S. g. e.

894bis **Mecklenburg. Heinrich.** Schöner Grevesmühler Thaler 1540. Sch. C. 4094. mit MEGAPO.

895 **Hans Albrecht.** Viertelthaler m Bb. v. vorn u. REICHS — ORTH. 1622. Gut erh.

895bis **Oettingen. Ludwig Eberhard.** Thaler 1624. Wie Sch. C. 5434 m. AVG * Henkelspur. sonst s. g. e.

896 **Albr. Ernst** als Graf. Gulden 1671. Rv. Das Wappen zw. 2 Lorbeerzweigen, darunter: $\frac{2}{3}$ u. 1674. S. g. e.

897 **Joh. Aloys.** Gulden 1759. Bb. n. r. Rv. Das v. 2 Hunden gehaltene Wappen. M. 4161. G. e.

898 Desgleichen. Das Wapp. m. d. 2 Hunden. Rv. St. Sebastian. Sch. C. 5446. S. g. e

899 **Ortenburg.** Cardinal **Christoph.** Thaler 1656. Bb. u. Wappen. M. 1837. Sch. C. 5452. S. g. e.

900 **Pfalz. Ruprecht I.** 1353—90. Florentiner Ducate. St. Johann u. Lilie. S. g. e.

901 **Ludwig I.** d. Schwarze zu Zweibrücken. 1459—89. Veldenzer Raderalbus o. J. St. Petrus über d. Löwenschildchen. Rv. 4feld. Wapp. im 3 Pass, in dessen Winkeln 3 kl. Wappen. Garthe 7376, aber FELL' u. im Winkel rechts d. 2feld. pfalzbayr. (?) Wappen. S. g. e.

902 Desgl. Wie vorher, aber im Winkel rechts d. Weckenschild, unten d. pfalzbayr. (?) Wappen. S. g. e.

903 **Ludwig V.** Viertelthaler 1525. 3 Wappen. Rv. D.-Adler u. Carl V. Titel. Exter p. 306 No. 31. S. g. e.

904 **Friedrich III.** Thaler 1567. Bb. v. vorn. Rv. 3 Wappen. M. 457. Sch. C. 4278. S. g. e.

905 **Richard** v. Simmern. Schöner Ducate (15)78. Steh. Herzog u. 4feld. Wapp.

906 **Johann.** Thaler 1623. Umschr. wie bei Sch. C. 4360. Gut erh.

907 **Wolfg. Wilhelm.** Thaler 1623. M. 6720. Sch. C. 4313. S. g. e.

Leopold Ludwig s. unter „Elsass, Weisburg“.

908 **Joh. Wilhelm.** Schöne Bronzemed. (v. St. Urbain) Bb. n. r. Rv. INVICTO. RELIGIONIS. RESTITVTORI. Die „Religion“ n. r. vor einem Altare. 47 Mm.

909 **Carl Theodor.** Grosses Medaillon (v. Schwendiman) auf Regierungsantritt in Bayern 1777. Bb. Rv. NOVVM—SAECVLVM Bavaria u. Palatina vor einem Palmbaume zwischen 4 Flussgöttern. 234 Gr. S. g. e.

910 Aehnliche kleinere Medaille. 28 Gr. S. g. e.

911 Vicariatsmedaille 1790 (v. Boltschauser) Erhab. Bb. im Harnisch u. Mantel n. r. Rv. D.-Adler. 29 Gr. S. schön.

912 **Pommern. Philipp II.** Goldgulden 1618. Bb. u. Schrift. Wie K. 2078 (v. 1607). S. g. e.

913 **Boguslaus XIV.** Thaler 1628. Bb. u. Greifenschild. M. 3933. Gut erh.

914 Caminer Thaler 1633. Sch. 4112. aber ohne Punkt zw. 16 u. 33. S. g. e.

915 **Reuss jüng. Linie. Heinrich I.** Gulden 1678. Weise 1738. 5. Mit fränk. Contrem. S. g. e.

916 **Heinrich LXII.** Doppelthaler 1851. Schw. 218. Sehr gut erh.

917 **Sachsen. Friedrich. Georg u. Johann.** 1500—7. Klappmützenthaler. Engelh. 12—11 Var. Gut erh.

918 **Joh. Friedrich u. Georg.** Thaler 1539. Beiders. Bb. Gut erh.

919 **Joh. Friedrich u. Heinrich.** Desgleichen 1540 u. 41. S. g. e.
920 Halbthaler 1541. 3 Wappen. Rv. Helm. Schön.
921 **Joh. Friedrich u. Moritz.** Annaberger Thaler 15—43. S. g. e.
922 Dieselben. Halber Thaler 1546. 3 Wappen. Rv. Helm. Gut erh.
923 **Joh. Friedrich** allein. Breiter Doppelthaler 1534. Bb. m. grossem Schwert. Rv. Wappen m. 3 Helmen. T. 6. VI. Gut erh.
924 Aehnl. breiter $1\frac{1}{2}$facher Thaler 1539 (auf d. Einlösung d. Burggrafenthums Magdeburg). T. 9. V. M. 502. S. g. e.
925 **Joh. Friedr. II. u. Brüder.** Thaler o. J. m. 3 Bbrn. M. 1442. S. g. e.
926 **Joh. Casimir.** Breiter Doppelthaler 1629. Wappen m. 6 Helmen. Rv. Herzog zu Pferde n. r., Jahrzahl neben d. Wappen. M. 1448, aber ohne Schloss. S. g. e.
927 **Joh. Wilhelm.** Thaler 1568. Bb., Helm in d. Hand, v. vorn, etwas n. rechts. Rv. Wapp. m. 3 Helmen. Zu M. 3956. S. g. e.
928 **Friedr. Wilhelm II.** Thaler 1640. Bb. ohne Helm. Rv. Wappen m. 6 Helmen. Nicht im Mad. S. g. e.

Bernhard v. Weimar s. unter „Städte, Breisach".

929 **Ernst d. Fromme.** Friedensducate 1650. Beiders. Schrift. T. 58. VIII. Gut erh.
930 **Christian** zu Eisenberg. Schöne Med. 1699 auf Vermählung d. Prinzessin Christiane m. Phil. Ernst v. Holstein. Monogr. zw. 2 Palmzweigen. Rv. 2 flammende Herzen auf einem Altare. T. 93. V. $14\frac{1}{2}$ Gr.
931 **Ernst** zu Coburg-Saalfeld. Thaler 1817 m. Bb. n. l. Sch. C. 4648. S. g. e.
932 **Albertin. Linie. Albert.** 1485—1500. Leipziger Goldgulden. Sch. C. 4661. 2 Var. m. AVREA u. AVREA * S. g. e.
933 **Moritz.** Annaberger Thaler 1549 u. 52. S. g. e. u. schön.
934 **Christian II.** Breiter Doppelthaler 1611 auf s. Tod. Bb. m. 3f. Umschr. Rv. 6 Zeilen. Sch. C. 4694. S. g. e.
935 **Joh. Georg I. u. August.** Viertelthaler 1614. Beiders. Bb. S. g. e.
936 **Joh. Georg I.** Dickthalerklippe 1614 auf Geburt d. Prinzen August. Engelh. 827. T. 35. III. G. e.
937 Reformationsmed. 1617 (v. Chr. Maler). Kurfürst Friedrich d. Weise u. Luther neben einem Tische. Rv. G. Z. E. etc. in 11 Zeilen. Engelh. 781. 24 Gr. Verg. S. g. e.
938 Med. 1626 (v. Dadler.) 3 Störche über d. Stadt Dresden. Rv. Die Römerin etc. T. 42. V. 25 Gr. Henkelspur, sonst s. g. e.
939 **Friedr. Aug. III.** Pfennig 1765 in Gold. Gut erh.
940 Joh. Andr. **Gleich,** Superintendent in Dresden. Bronzemed. v. Vestner auf s. Tod 1734. Bb. n. r. Rv. Bestürmter Fels etc. 41 Mm. S. g. e.
941 **Sayn-Wittgenstein. Ludwig.** 1607—34. Goldgulden * MON : NOV : AVR : COM : IN · WITG : 2 Wappen. Rv. * FERD : II : D : G : ROM : IMP : SEMP : AV : R.-Apfel im 3 Pass. Nicht im K. u. S. S. g. e.
942 **Gustav.** Gulden 1675. Hirsch n. l. Rv. PIE ❀ ET ❀ CAUTE ❀ 1675 ❀ Im Felde ❀ XXIIII / MARIEN / GROSCH ❀❀❀ Gut erh.
943 **Schlesien. Christian** zu Wohlau. Thaler 1671. Bb. u. Adler. M. 4070. Sch. C. 4804. S. g. e.
944 **Schwarzenberg. Ferdinand.** Gimborner 5facher Ducate o. J. FERD : D : G : PR . — SCHWARTZENB * Bb. im Harnisch n. r., darunter I · A · L Rv. MON : AVR : GIMBOR — NENSIS * V * DVCAT Das v. d. Vliesskette umgebene 4 feld. Wappen unter d. Fürstenhute. Catalog Löhr-Régnault (1875) No. 4591. S. g. e.

945 **Siebenbürgen. Sig. Bathory.** Thaler 1593. Zu M. 4092. Leichte Henkelspur, sonst s. g. e.
946 **Georg Rakoczy II.** Schöner Ducate 1655. N — B. Bb. m. Pelzmütze. Rv. Mad.
947 Thaler 1652 u. 58. N — B. Aehnl. Bb. Rv. Wappen. S. g. e.
948 **Achatius Barcsay.** Clausenburger Thaler 1659. Bb. u. Wappen. Mad. 1615. S. g. e.
949 **Michael Apafy.** Weissenburger Thaler 1681. Sch. C. 4864. S. g. e.

Stolberg s. No. 788.

950 **Sulz. Joh. Ludwig.** Viertelgulden (15r) 1675. Bb. u. Wappen. Berst. 372. Sehr gut erh.
951 **Trautson. Paul Sixtus.** Thaler 1620. Bb. u. Wapp. M. 4435. S. g. e.
952 **Waldeck. Georg Heinrich.** Kronthaler 1821. Schrift u. Palmbaum. Sch. C. 5772. S. g. e.
953 **Württemberg. Joh. Friedrich.** Zwittermed. 1585—1609. Bb. m. Vogel auf d. Hand n. r. Rv. Das v. 2 weibl. Figuren geh. Wappen. B. 28. Alter Guss. 8 Gr. Gut erh.
954 **Wilhelm.** Schöner Ducate 1841. Kopf n. l. Rv. Wappen. B. 189.
955 **Carl.** Siegesthaler 1871, nebst Mömpelgarder Doppelbatzen 1624 u. Liard 1710 — u. 3 Silberm. v. Württemberg etc.

S. auch No. 789 u. 801.

Italien.

956 **Aquileja.** Mittelalterdenar. 2 Bbr. über einer Mauer. Rv. LANDES-T(ROS)EN. Löwe m. Kreuz. Wh. 9769. G. e.
957 4 Denare v. **Berthold** v. Meran. 1218—51, **Gregor** v. Montelongo. 1252—69. **Ludwig** della Torre 1359—65 u. **Ludwig** v. Teck 1412—22. S. g. e.
958 **Belgiojoso. Anton.** Thaler 1769. Bb. u. Wappen. M. 6784. Sch. C. 5802. Stempelglanz.
959 **Benevent. Arichi II.** 758—87. Goldtriens. Rossi 352. S. g. e.
960 **Sicardus.** 832—39. Solidus. Rossi 363. S. g. e.
961 **Cagliari. Philipp V.** Zecchino 1702. Wappen u. Blumenkreuz. Rossi 706. S. g. e.
962 **Camerino. Julia Varana u. Guidobald della Rovere.** Zecchino. Getheiltes Wappen v. Varano-Rovere. Rv. NON TIMEBO etc. Blumenkreuz. Vitalini 5. S. g. e.
963 **Campi. Julia Maria.** Luigino. IVLIA . M . PRINCIP . CAMPI : Bb. n. r. Rv. GERMIN — A — B . C — ENTVPLV . Wappen, daneben: 16—68. Nicht im Rossi. S. g. e.
964 **Cattaro. Ludwig I. v. Anjou.** 1342—82. Grossetto. Thron. König. Rv. St. Triphon in einem Oval. S. g. e.
965 **Corsica. Pasquale Paoli.** 4 Soldi 1767 u. 2 Soldi 1762. Maill. XXIX. 8 u. 10. S. g. e.

966 Med. m. s. Bb. n. l. Rv. 11 Zeilen. Bronze, vers. $42^{1}/_{2}$ Mm. S. g. e.
967 **Crevacuore.** **Paul Ferrero.** Scudo v. Casalvelone 1633 n. Typus d. Casaler Scudi v. Vincenz v. Mantua. Gut erh.
968 **Ferrara.** **Alfons I.** 1505—34. Scudo d'oro. Wappen u. Kreuz. Rossi 1141. S. g. e.
969 **Florenz.** **Lorenz Medici.** Bronzemed. LAVRENTIVS MEDICES Bb. n. r. Rv. Freiheitsmütze zw. 2 Dolchen, darunter VIII . ID . IAN. Armand II. 151. 3. 37 Mm. Kl. Loch, sonst s. schön.
970 **Ferdinand I.** Medici. Scudo 1599. Bb. u. Taufe. S. g. e.
971 **Cosmus III.** Scudo 1684. Bb. Rv. Joh. d. Täufer sitzend. Rdschr. IPSA * SVI * etc. Rossi 1392. S. g. e.
972 **Carl Ludwig u. M. Luise.** Flor. Doppelscudo u. Pisaner Scudo 1807. S. g. e.
973 Medaillon d. Academie d. schönen Künste. Ihre erhab. Bbr. übereinander. Rv. 3 Kränze. 168 Gr. S. schön.
974 **Leopold II.** Med. 1828. 9 Zeilen. Rv. Joh. d. Täufer. $38^{1}/_{2}$ Gr. S. g. e.
975 Medaille 1848 (v. Nideröst). Erhab. Kopf n. links. Rv. CONSIGLIO / GENERALE / 1848 ·· in einem breiten Eichenkranze. $49^{1}/_{2}$ Gr. Schön.
976 Desgleichen. Rv. SENATO / 1848 ··· Sonst wie vorher. $44^{1}/_{2}$ Gr. Schön.
977 **Genua.** **Thomas Campofregoso.** 1436—43. Schöner Zecchino.
978 Crosazzo doppio (breiter $2^{1}/_{2}$ f. Thaler) 1695. Gut erh.
979 Scudo 1796 à 8 Lire. Wappen u. Joh. d. T. S. g. e.
980 **Gubbio.** **Friedrich VI.** v. Montefeltro. 1444—82. Bolognino. S. g. e.
981 **Lodi.** Medaille 1870. Ackerbaucongress. 20 Gr. S. g. e.
982 **Lucca.** Scudo 1604. Wappen. Rv. St. Martin. Zu M. 1979. S. g. e.
983 **Mailand.** Kaiser **Heinrich VII.** v. Luxemburg. 1310—13. Br. Münze. 2 Heilige. Rv. Sitz. hl. Ambrosius. Rossi 2393. Gnecchi 1. Gut erh.
984 **Johann u. Lucchin.** 1339—49. Grosso. Kreuz u. St. Ambrosius. Wh. 2754 Var. Rossi 2403. Gn. 3. Gut erh.
985 Desgleichen. Wappen m. grossem Helm im Av. R. 2405. Gn. 2. Z. g. e.

S. auch No. 502.

985bis 5 Francs **Mailand** 1848, **Venedig** 22 März 1848 u. **Belgien** 1853 m. 3 Bbrn. S. g. e.
986 **Mantua.** **Joh. Franz.** 1407—44. Grosso. Wappen u. Castell. Rossi 2023. S. g. e.
987 **Massa.** **Alberich II.** Cibo. Luigino 1665. Bb. u. Wapp. Aehnl. Rossi 2202. S. g. e.
988 **Modena.** **Hercules II.** 1534—59. Scudo doro. Blumenkreuz u. St. Geminian. S. g. e.
989 **Raynald.** $^{1}/_{2}$ Scudo à 80 S. 1727. Bb. n. r. Rv. Knieender St. Contardus. S. schön.
990 7 versch. ältere Münzen v. Modena. Zus. 15 Gr.
991 **Franz IV.** Med. o. J. v. Lang. Kopf n. l. Rv. NON COMMOVEBITVR. Fels in stürmischer See. $26^{1}/_{2}$ Gr. S. g. e.
992 **Monaco.** **Honoré.** Hübscher Luigino 1660. Bb. u. Wappen.
993 **Montalcino.** **Heinrich II.** v. Frankreich. Parpajola 1556. Lilienkreuz. Rv. Wölfin. Hoffm. 97. R. 2836. S. g. e.
994 **Neapel.** **Alphons v. Aragon.** 1435—58. Goldmünze (Ducatone). Reit. König n. r. Rv. Wappen. $5^{1}/_{4}$ Gr. Gut erh.

995 **Franz II.** Scudo 1859. Kopf n. l. Rv. Wappen. S. g. e.

996 17 meist ältere Neapolit. Silbermünzen. Zus 34 Gr.

997 **Palermo. Mostanser Billah.** 1036—71. Golddenar. Beiderseits Fahnen (?) auf Globus. S. g. e.

998 **Parma. Robert u. Luise.** 5 Lire 1858. 2 Bbr n. l. Rv. Wappen Sch. C. 5991. Rossi 3347. Glänzend.

999 **Pavia. Hugo u. Lothar.** 931—45. Silberm. Monogr. u. Schrift. Gut erh.

1000 **Piacenza. Octavius Farnese.** Scudo 1581. Bb. im Harnisch v. vorn, mit linksgewandtem Kopf. Rv. Gekr. 3feld. Wappen zw. 2 kleinen Schildchen. Wie Sch. C. 5971, M. 2011 u. R. 3483. S. g. e.

1001 **Ranutius Farnese.** Doppia da due (4facher Zecchino) 1615. Kopf n. l. Rv. Wölfin. S. g. e.

1002 **Odoardo Farnese.** Scudo 1629 m. steh. hl. Antonius. Sch. C. 5979. S. g. e.

1003 **Savoyen. Eman. Filibert.** Scudo d'oro 1579. Wappen u. Kreuz. S. g. e.

1004 **Carl Eman. u. Christine.** 4facher Ducate 1639. 2 Bbr. u. Wapp. S. g. e.

1005 **Vict. Amadeus II. u. Maria Joh. Bapt.** Scudo 1680 — u. $\frac{1}{2}$ Thaler 1680 m. Bb. d. Herzogs allein. G. e.

1006 **Vict. Amadeus III.** Med 1775 auf Vermählung d. Erbprinzen Carl Emanuel m. Clotilde v. Frankreich. 1 u. 2 Bbr. 39 Gr. Gut erh.

1007 **Carl Felix.** Med 1831. 10jähr. Regierung. Bb. n. r. Rv. 5 Zeilen. 75 Gr. S. g. e.

1008 **Marie Christine** v. Sachsen. Med. 1831. Erhab. Bb. m. Schleier n. r. Rv. FELICITATI / AVGVSTAE / XII . KAL . MAIAS / MDCCCXXXI 69 Gr. S. schön.

1009 **Victor Emanuel.** Med. 1861 d. Stadt u. Provinz Parma. Kopf n. l. Rv. Schrift. 30 Gr. S. g. e.

1010 **Venedig.** Zecchinen v. **Andr. Contareno.** 1368—82, **Anton Venier.** 1382—1400 u. **Mich. Steno.** 1400—13. S. g. e.

1011 **Andreas Gritti.** Bronzemed. v. Spinelli 1534. . ANDREAS . GRITI . DVX . —. VENETIAR MDXXIII. Bb. m. Dogenmütze n. l. Rv. DIVI . FRAN — CISCI . MDXXXIIII. Kirche v. San Francesco della Vigna. Armand I. 155. 4. 37 Mm. Sehr schön.

1012 **Peter Lando.** 1539—45. Osella J. I. S. g. e.

1013 **Marino Grimani.** 1595—1606. Guistina da 124 m. d. Galeere. M. 2017. Sch. C. 6068. S. g. e.

1014 Schöne Osalla 1604 (Jahr 10). Rv. ꕥ SYDERA * CORDIS ꕥ Löwe v. S. Marco.

1015 **Morosina Morosini,** dessen Gemahlin. Diekosella 1597. Ihr Bb. m. Dogenhut n. l. Rv. 6 Zeilen im Kranz. Sch. C. 6069. M. 5518. Rossi 5256. Gut erh.

1016 **Leon. Donato.** 1606—12. Kreuzthaler C—Z. Sch. C. 6070. Gut erh.

1017 **M. A. Memmo.** 1612—15. Kreuzthaler V. E. S. g. e.

1018 **Franz Contareno.** 1623—25. Halber Kreuzthaler Z—D. R. 5289. S. g. e.

1019 **Franz Molino.** 1646—51. Kreuzthaler M B. Zu Sch. C. 6081. S. g. e.

1020 Zecchini v. **Franz Molino.** 1646—55 u v. **Bertuccio Valier.** 1656—58. S. g. e.

1021 Aehnl. Zecchini v. **Al. Contareno.** 1676—83, **M. A. Justinian.** 1683—88. u. **Joh. Cornelio II.** 1709—22. S. g. e.

1022 **M. A. Justinian.** Osella J. I. Rv. Marcusplatz. M. 6961. Sch. C. 6090. Gut erh.

1023 **Franz Morosini.** $\frac{1}{2}$ Ducato d'argento A. G. — u. **Aloys II. Mocenigo.** $\frac{1}{2}$ Kreuzthaler B. ∘ C. G. u. s. g. e.
1024 **Peter Grimani.** Oselle 1746 u. 50. G. u. s. g. e.
1025 **Flam. Cornelio,** Senator. Bronzemed. 1750. Bb. Rv. Kirche. 45. Mm. S. g. e.
1026 Oselle v. **Al. Mocenigo IV.** 1764 u. 68 u. v. **Paul Rainer.** 1786. Gut erh.
1027 **Ludwig Manin.** Muraner Osella 1794. Beiders. 4 Wappen. Verg., sonst s. g. e.
1028 **Provisorische Regierung.** Osella 1797. Explosion eines Pulverthurms. Wie Rossi 5629. $14\frac{1}{2}$ Gr. S. schön.

Schweiz.

1029 Stampfer'scher Bundesthaler. H. 1. Verg. Gut erh.
1030 Kl. Bronzemed. 1664. Bund mit Ludwig XIV., mit LVD. XIIII etc. H. 80. 27 Mm. S. g. e.
1031 Desgl. Aehnlich, aber Av.-Umschr. LVDOVICVS XIIII D G FR . ET . NAV. REX. Das Bb., kleiner, durchbricht die Umschr. nicht. Nicht im H. 27 Mm. S. g. e.
1032 **Helvetische Republik.** Solothurner Thaler 1798 à 40 Batzen. Sch. C. 6151. S. g. e.
1033 Aehnlicher $\frac{1}{4}$ Thaler (10 Batzen) 1799. S. g. e.
1034 Marschall **Brune.** Bronzemed. Kopf n. r. Rv. HELVETIE / LE HELDER etc. im Kranz. 41 Mm. S. g. e.
1035 **Eidgenossenschaft.** Probe 20 Francs 1873 m. sitz. Helvetia. Rv. Werthbez. in Kranz. Ueber d. Kranze ein kleines Köpfchen. S. schön.
1036 5 Francs 1871 mit sitz. Helvetia. S. g. e
1037 **Aargau.** Halber Thaler 1809 à 20 Batzen. Sch. C. 6164. S. g. e.
1038 **Appenzell.** Ausser-Rhoden. Thaler 1812 à 4 Franken. Sch. C. 6175. S. schön.
1039 **Basel. Friedrich III.** Goldgulden. H. 1143. Ringchen zw. d. Worten. S. g. e.
1040 Thaler 1639. H. 1612. M. 2076. Sch. C. 6206. S. g. e.
1041 Thaler 1640. H. 1624. M. 1636. Sch. C. 6208. S. g. e.
1042 Thaler 1793. Stadtansicht. Rv. Basilisk (ganz n. links) m. d. Stadtschild. Sch. C. 6250. S. g. e.
1043 $\frac{1}{3}$ Thaler o. J. u. 1740. H. 1500 u. 1635. 3 kl. Silberm. u. 4 Bracteaten (einer m. B — A) S. g. e.
1044 Kl. Med. o. J. Baselstab u. Christkind. H. 1355. 2 Gr. S. g. e.
1045 Desgleichen 1643. Baselstab u. Stadtansicht. H. 1321. 1 Gr. S. g. e.
1046 Schützenfest 1879. Zinnmed. Kopf u. 23 Wappen. 47 Mm. Gut erh.
1047 Schützen 5 Frank 1879, desgl. v. Freiburg 1881 u. Schaffhausen 1865. S. g. e.
1048 **Bisthum Basel.** Bracteat. Kopf m. Bicorna n. l., zwischen B—A. Berst. 2a. Meyer 18 (126/27 u. Var.) 6 Var. S. g. e.
1049 Desgleichen. Aehnl. Kopf n. l., davor Krummstab, ohne das B—A. B. 4c Meyer 28 (137.) 2 Var. S. g. e.

1050 Desgleichen. Aehnl. Bb. v. vorn, die Rechte erhoben, in d. Linken Krummstab. B. 4k. Var. u. Meyer 22 Var. S. g. e.
1051 Desgleichen Bb. m. Mitra v. vorn. zwischen 2 Rosen. B. 4g. Meyer 11. Gut erh.
1052 **Luthold.** Desgleichen. LVT—OLD. Bb. m. Mitra v. vorn. Berst. 3. Meyer No. 1 (108). S. g. e.
1053 **Johann.** Kopf m. Bicorna u. I. zwischen I.—O. B. 5. Meyer 24 (133). 2 St. S. g. e.
1054 Desgleichen. Kopf m. einspitziger Mitra v. vorn zw. I—O. Nicht im Berst. u. Meyer. S. g. e.
1055 **Jac. Chr. Blarer v. Wartensee.** 1575—1608. ½ Schilling o. J. 2feld. Wapp. Rv. St. Ursicinus. B. 14a (m. SANCTV) S. g. e., nebst Batzen 1787 v. Jos. v. Roggenbach.
1056 **Friedr. v. Wangen.** Bronzemed. 1780 (v. Droz.) Bund mit Frankreich. Sch. C. 2374. Berst. 43. 42 Mm. S. g. e.
1057 **Bern.** Schöne Doppelduplone 1795. Wapp. u. Schrift. Lohner 132.
1058 Thaler 1679. H. 1032. L. 178. Sch. C. 6276. S. g. e.
1059 Thaler 1795, 96 u. 98 m. steh. Schweizer. L. 188 (aber 14 Punkte zw. d. Hintertatzen d. Bären), L. 191 u. 193. S. g. e.
1060 Französ. Thaler 1732 u. 1792 m. Berner Contremarke. S. g. e.
1061 Viertelthaler 1680. L. 375. S. g. e.
1062 Schulrathspfennig o. J. (v. Dassier). H. 809. Sch. C. 6303. 35½ Gr. S. g. e.
1063 **Beromünster.** Michaelsgulden. Sch. 5119. S. g. e.
1064 **Chur,** Stadt. Schützenthaler 1842. Sch. C. 6414. S. g. e.
1065 **Chur,** Bisthum. **Paul Ziegler.** Halbbatzen o. J. 4feld. Wappen. Rv. Madonna in ganzer Figur. Trachsel 31. S. g. e.
1066 **Ulrich VI. v. Mont.** ¼ Gulden (15r) 1688. Bb. u. D.-Adler. Tr. 214. S. g. e.
1067 **Constanz,** Bisthum. **Franz Conr. v. Rodt.** Thaler 1761. Bb. u. I. Rv. Wappen. Sch. 4176. H. 2213. Berst 414. Gut erh.
1068 **Constanz,** Stadt. Thaler 1623. H. 2317. Punktirungsvar. S. g. e.
1069 Dicken 1630. H. 2331. Berst. 450. Doppelpunkte in d. Umschriften. S. g. e.
1070 **Freiburg.** Thaler 1813 m. steh. Schweizer. Sch. C. 6359. S. schön.
1071 Dicken o. J. ✠ MONETA * NOVA * FRIBVRG Der Adler über d. Burg. Rv. SANCTVS — NICOL' Der Heilige ohne Schein m. Inful, Krummstab u. d. Broden v. vorn sitzend. Versch. v. H. 1665—68. S. g. e.
1072 Batzen 1631, sowie 2 Kreuzer o. J. mit Mönchsschrift u. (15)92. S. g. e.
1073 **St. Gallen.** Halber Thaler 1620. H. 1893. Gut erh.
1074 **Genf.** 2 Mittelalterdenare. Kreuz m. S u. Punkt in den Winkeln. Rv. Kopf d. hl. Petrus. G. e.
1075 Écu pistolet (Goldgulden) 1565. H. 1959. Demole 511. Schön.
1076 Thaler 1622. G × — × R. H. 1982. Dem. 485. S. g. e.
1077 Doppelthaler à 10 Francs 1851. S. schön.
1078 3 Sols 1562. Wappen. Rv. Kreuz im Vierpass. Dem. 281. 2 Ex. v. versch. Stempeln. S. g. e.
1079 15 Sols 1794 u. 6 S. 1795 — u. 3 div. kleine Schweizerm.
1080 Silb. Praemienmed. o. J. Stadtwapp. Rv. STUDIO ET — VIGILANTIA. Sitz. Jüngling. 28 Gr. S. g. e.

1081 Bronzemed. 1713 für die Hülfsvölker v. Zürich u. Bern. H. 1922. Blav. p. 328. 90. 38 Mm. S. g. e.

1082 Desgl. 1840. CERCLE DES CARABINIERS / ⟶ / 1840 in einem Lorbeerkranze. Rv. ADRESSE in Lorbeerkranz über 2 Gewehren. Achteckig. 35 Mm. S. g. e.

1083 Bronzemed. (v. Dassier) m. Bb. v. **Th. Beza** n. l. H. 144. Blav. 344. 171. 28 Mm. S. g. e.

1084 Schönes Bronzemedaillon 1835 (v. A. Bovy) m. d. Bbrn. v. 4 Reformatoren. Rv. 2 Figuren. 61½ Mm.

1085 **Glarus.** Schützenthaler 1847. Sch. C. 6404. S. g. e.

1086 Med. 1888. Fünfte Saecularfeier der Schlacht bei Näfels. Pyramide. Rv. Steh. Schweizer m. Fahne. 39½ Gr. S. g. e.

1087 **Haldenstein. Georg Philipp.** ¼ Gulden (15r) 1687. GEORG. PHILL. B' A B — EHRNF. D. L. H + Bb. m. grossem, unförmigem Kopfe. Rv. · LEOPOLD. I. D. G. ROM. IMP. S. A. 1687. D.-Adler. Roher Schnitt. S. g. e.

1088 **Luzern.** Batzen (?) o. J. MONTA ✚ LVCERNENSI Adler über d. Stadtschild Rv. ✚ SANCTVS ✿ LEODGAR Brustbild d. Heiligen m. d. Bohrer v. vorn. Mönchsschrift. 22 Mm. S. g. e.

1089 Schöner Thaler o. J. mit thronendem Heiligen. H. 1108ª Var.

1090 Desgleichen 1814 m. steh. Eidgenossen. Schön.

1091 **Musocco. Joh. Franz Trivultio** † 1573. Bronzemedaillon. Bb. n. rechts, am Armabschn. AET. 39. Rv. FVI — SVM — ET — ERO Fortuna im Meere, inmitten v. Delphinen u. Tritonen, oben 2 Zephyre. Armand II. 302. 13bis. 60 Mm. S. schönes Exemplar.

1092 **Neufchâtel. Friedr. Wilh. III.** Gulden 1799 à 21 Batzen. m. Bb. n. l. Gut erh.

1093 Loyalisten-Medaille 1831. 6 Gr. Geh. Schön.

1094 **Schaffhausen.** Thaler 1621 u. Schützenthaler v. **Schwyz.** G. u. s. g. e.

1095 **Solothurn.** Halber Thaler 1795 à 20 Batzen. S. g. e.

1096 **Tarasp. Ferdin. v. Dietrichstein.** Thaler 1695. M. 1648 Sch. C. 5014. S. g. e.

1097 **Tessin.** Thaler 1814 m. steh. Eidgenossen. Sch. C. 6497. Gut erh.

1098 **Dom. Fontana.** Bronzemed. 1586. H. 195. Arm. I. 293. 1. 39 Mm. Gut erh.

1099 **Uri. Schwyz u. Unterwalden.** Thaler o. J. VRA — NIE ✿ — SVIT ✿ VN — DERVAL ✿ Gekr. D.-Adler. In d. Umschr. die Wappen der 3 Cantone vertheilt. Rv. SANCT⁹ — ✿ MART — IN⁹ ✿ EPI' Der Heilige v. vorn auf einem Throne. H. 1159. S. g. e.

Siehe Abbildung.

1100 Breiter Groschen mit VNDERV S. g. e.

1101 Kleiner desgleichen mit VNDERVALD S. g. e.

1102 **Waadt.** Halber Thaler 1811 à 20 Batzen. Sch. C. 6516. S. g. e.

1103 **Zürich.** Thaler 1694. H. 541. Sch. C. 6614. S. g. e.

1104 Desgleichen 1739 mit Stadtansicht. H. 642. S. g. e.

1105 Desgleichen 1776. Löwe m. Wappen. Rv. Schrift. H. 724. Sch. C. 6657. S. g. e.

1106 Halber Thaler 1647. H. 483. S. g. e.

1107 Desgleichen 1690. H. 535. S. g. e.

1108 ½ Thaler 1741 m. Stadtans. H. 649c. — u. Dicken v. **Zug** 1611. H. 1240. S. g. e.

1109 Medaille der Zunft zur Safran 1774. Das Zunfthaus. Rv. Mercur. H. 322. Sch. C. 6653. 44 Gr. S. schön.

1110 **Zug.** ½ Thaler 1620. H. 1249. Sch. C. 6692. S. g. e.

1111 Schilling 1598. Gekr. D.-Adl. über d. Wappen in bogiger Einfassung. Rv. Bb. d. hl. Wolfgang v. vorn. S. g. e.

Niederlande.

1112 **Brabant. Philipp v. St. Pol.** 1427—30. Groschen v. Löwen. v. d. Ch. XV. 3. S. g. e.

1113 **Philipp d. Gute.** 1427—67. Lion d'or. v. d. Ch. XV. 3. S. g. e.

1114 **Flandern. Louis de Crécy.** 1322—46. Groschen v. Gand. Langes Kreuz m. 2 Löwen u. 2 Adlern in d. Winkeln. Rv. Löwe. S. g. e.

1115 **Holland. Wilhelm V.** 1346—59. Goldgulden. Steh. Herzog. Rv. 4feld. Wapp. in 8 Pass. v. d. Ch. V. 8. S. g. e.

1116 3 breite Doppelgroschen. v. d. Ch. V. 9. G. u. s. g. e.

1117 **Loos. Ludwig.** 1328—36. ¼ Adlergroschen v. Hasselt. v. d. Ch. XXII. 5. S. g. e.

1118 **Seeland.** Rosenobel (15) 84. V. 77. 3. Gut erh.

1119 **Tournay Philipp IV.** Souverain (3 Ducaten) 1646. S. schön.

Städte.

1120 **Amsterdam.** Eins. Noththalerklippe 1578. 40 Sols. Maill. V. 18. S. g. e.

1121 **Antwerpen.** Magistrats-Med. 1817. Stadtwappen. Rv. Waage über Gesetzbuch. 21 Gr. Schön.

1122 **Augsburg.** Goldene Med. 1704. Eroberung durch die Kaiserlichen. v. L. IV. 432. 3, aber Aufschriften ohne Band. 14 Gr. S. schön.

1123 Ducate 1636 m. hl. Afra. Zu K. 2734. S. g. e.

1124 S. schöner Ducate 1715. Carl VI. Bb. Rv. D. Stadtpyr zw. 2 Flussgöttern unter d. D.-Adl. So. 1441.

1125 Guldenthaler 1575. Sch. C. 6772. S. g. e.

1126 Thaler 1744. Bb. Carl VII. m. Stadtansicht. M. 4762. S. g. e.

1127 **Besançon.** Thaler 1660 u. 61 m. steh. Kaiser Carl V. S. g. e.

1128 Desgl. 1661. — **Constanz.** 10r. o. J. u. 5 div. städt. Silberm.

1129 **Braunau.** Kl. silb. Nothklippe. 9 MAY 1743. Maill. XVI. 6. S. g. e.

1130 Zinn-Nothklippen 1713. Maill. XVI. 7, 8, 10 u. 11. S. g. e.

1131 **Breisach.** 3 versch. Bracteaten. Berst. 57 u. 58. S. g. e.

1132 Nothklippe 1633 à 48 Batzen. Berst. 85. Maill. 19. 8. Gut erh.

1133 Desgleichen à 24 Batzen. Einseitig. Maill. S. pag. 79. 23. Geh. S. g e.

1134 Med. 1638 auf Eroberung d. Stadt durch Bernhard v. Sachsen-Weimar. HEROIS HUIUS etc. Erhab. Bb. v. vorn. Rv. Stadtansicht. B. 96. Tentz. 39. III. 52 Gr. S. g. e.

1135 Bronzemed. 1703 (v. Mauger). Eroberung durch die Franzosen. B. 100. 41 Mm. S. g. e.

1136 **Bremen.** Thaler 1635. Ferdin. II. Titel. Wie M. 4786. Jungk 474. S. g. e.

1137 Halber Thaler 1661. Wie M. 4789. Jungk 524. S. g. e.

1138 Sogen. Rolandsdoppelthaler 1640 v. Blum. Stadtansicht u. Rolandstatue. Jungk 4. 57 Gr. Schön.

1139 **Breslau.** Ducate 1554 m. hl. Wenzel. Zu K. 2769. S. g. e.

1140 Ducate 1572 m. steh. Kaiser **Maximilian II.** u. Stadtwappen. Zu K. 2771. S. schön.

1141 Pestgulden 1633. 12zeil. Inschrift u. Stadtansicht. M. 5531. Pfeiffer 293. Kl. Loch, sonst sehr gut erh.

1142 Med. 1693. Stadtansicht unter d. D.-Adler. Rv. D. Stadtwappen von 19 kl. Wappen d. Rathsherren umgeben. 25 Gr. S. schön.

1143 **Campen.** Einseit. Noththalerklippe 1578. Maill. 22. 1. S. g. e.

1144 **Cöln.** Bronzemed. 1838 auf d. Carneval. 51 Mm. S. g. e.

Stadt Colmar s. unter „Elsass". Stadt Constanz s. No. 1068 u. 69.

1145 **Copenhagen.** Medaille 1795. 3 Figuren. Rv. Knabe auf Garben. 14 Gr. S. g. e.

1146 **Deventer, Campen u. Zwolle.** Thaler o. J. Bb. Carl V. m. Schwert u. R.-Apfel v. vorn, etwas n. r., m. dopp. Umschr. Rv. 3 Wappen. Wie M. 2177 u. Sch. C. 6884, jedoch m. + CAR — OL' . RO — MANO' × IMPERA S. g. e.

1147 **Dortmund.** Ducate 1639. DVCATVS . CIV / IMP . TREMO / NIENSIS. / ·:·. darüber Adler zwischen 16—39. Rv. Kaiser Ferd. III. in ganzer Figur v. vorn. S. g. e.

1148 Thaler 1632. Bb. Ferdin. II. M. 2205, mit IMPERIA. S. g. e.

Ensheim s. unter „Elsass".

1149 **Erfurt.** Thaler 1603. Beiderseits Wappen. M. 4859. S. g. e.

1150 **Frankfurt a. M.** Ducate 1644. 5 Zeilen auf Tafel. Rv. Adlerschild. S. g. e.

1151 Contributionsducate 1796 m. Stadtansicht. Maill. 39. 1. Geh. G. e.

1152 Goldgulden 1612 auf Krönung **Mathias II.** MATTHIAS. / II. D: G. H. B. REX CORON. IN. REG / ROM. 24 IVN / + 1612. in 5 Zeilen unter Verzierung. Rv. CONCORDI — LVMINE . MAIOR Kaiserkrone zw. Sonne u. Mond. Soo. 13. S. schön.

1153 Thaler 1622. Grosse Buchstaben. S. g. e.

1154 Thaler 1772 m. Stadtansicht — u. halber Thaler 1791. S. g. e.

1155 Doppelthaler 1866 u. Schillerthaler 1859. S. g. e.

1156 Thaler 1858 m. d. beiden Thürmen. Schwalb. 79. S. g. e.

1157 Thaler 1862 Schützenfest u. 1863 Fürstentag. Schw. 84 u. 85. S. g. e.

1158 Doppelgulden 1849 Goethefeier u. 1855 Religionsfrieden. Schw. 77 u. 78. Schön.

1159 Zwanziger 1776, 2 Sechser, 2 Groschen, 17 St. Kreuzer. Alle 1866 — u. Kreuzer o. J. Zus. 23 St. Alle glänzend.

1160 Turnose o. J. m. MONE—TA. NOV. u. ✠ TVRONVS. FRANCFVRT (VR zusammengezogen). Gut erh.

1161 Desgleichen m. ✠ MONETA. NOVA. CIVI u. ✠ TVRONVS. FRANCF S. g. e.

1162 Medaille o. J. m. Stadtansicht u. d. 4 Cardinaltugenden. Rüpp. p. 11 No. 20. Lersner T. 8. XX. 53 Mm. 14½ Gr. S. g. e.

1163 Med. 1711. **Carl VI.** Krönung. Das v. d. Germania gehaltene Portrait d. Kaisers unter 3 Bbrn. Rv. OMNIBVS — IDEM. Thierkreis über Landkarte. 45 Gr. S. g. e.

1164 Kl. Med. m. Stadtansicht auf dieselbe Gelegenheit. Rüpp. 34 — u. 5 Jetons 1817 u. o. J. Zus. 27 Gr.

1165 Bronzemed. 1742. **Carl VII.** Krönung. Bb. Rv. PROVIDENTIA NUMINIS. Büste d. Kaisers auf Postament zw. 2 Wappen vor d. Stadt Frankfurt. 44 Mm. Schön.

1166 Med. 1764. **Joseph II.** Krönung. Bb. Rv. GLORIA — NOVI SECVLI. Thronende Francofurtia. 29 Gr. S. g. e.

1167 **Fürst Primas.** Einseit. Bronzemed. CARL ERZBISCHOF — PRINZ-PRIMAS. Erhab. Bb. m. angehängtem Kreuz n. r., darunter in 2 Zeilen: CHARLES ARCHEVÊQUE / PRINCE — PRIMAT. Mit zierlichem Rand. 46 Mm. Schön.

1168 **Erzh. Johann.** Schöne Bronzemed. 1848 v. Radnitzky, auf s. Wahl z. Reichsverweser. Bb. n. l. Rv. D.-Adler im 6 Pass. Gothische Schrift. 43 Mm.

1169 Desgl. (v. Neuss). Bb. v. vorn m. dopp. Umschr. Rv. Paulskirche. 41 Mm. Schön.

1170 J. Ph. **Benkard.** Med. 1843. 50jähr. Amtsjubilaeum. Bb. m. dopp. Umschr. n. l. Rv. 9 Zeilen. 29 Gr. S. schön.

1171 Gerhard **Friedrich.** Aehnl. Med. auf gleiche Veranlassung 1858. Rv. 11 Zeilen. 29 Gr. S. schön.

1172 Achteckige Medaille der Frankfurter Bank 1854. 17 Gr. S. schön.

1173 Deutsches Bundesschiessen 1887. Eschersheimer Thurm. Rv. Trophäe etc. 25 Gr. S. schön.

S. auch No. 588, 756 u. 1369.

1174 **Freiburg i. B.** Thaler o. J. auf d. Badener Frieden. Stadtansicht m. dopp. Ueberschrift. Ueber d. Stadt in einem Kränzchen: PAX Rv. SVB VMBRA etc. Hinter d. 2 städt. Wappen Adler m. Szepter u. Schwert unter grosser Krone. Berst. 215. Schön.

1175 Vierer (¼ Gr.) m. Mönchsschrift u. 3 versch. eins. Pfennige.

1176 Bronzemed. 1744. Berst. 219, aber im Abschn. VI. NOVEMB. MDCCXLIV. 42 Mm. S. g. e.

1177 **Goslar.** Gulden 1675 à 24 Mariengroschen. S. g. e.

Stadt Hagenau s. unter „Elsass."

1178 **Hall.** Ducate 1746. Bb. Franz I. Rv. 3 Wapp. Schön.

1179 **Hamburg.** Halber Admiralitätsportugalöser (5 Ducaten) 1801. 7 Zeilen. Rv. Zeitgeist vor einer Säule. S. schön.

1180 Thaler 1632. Gaed. 462. S. g. e.
1181 Medaille 1750. Brand d. Michaeliskirche. Beiders. Ansicht d. Kirche. $29\frac{1}{2}$ Gr. S. g. e.

S. auch No. 1311 u. 12. Stadt Landau s. unter „Elsass".

1182 **Hildesheim.** Schauthaler 1730. Jubil. d. Augsburger Confession. M. 7182. S. g. e.
1182bis **Lübeck.** Thaler 1576. M. 4986. Sch. C. 7062. S. g. e.
1183 **Lüneburg.** Breiter Doppelthaler. Mond u. Joh. d. T. M. 5017. S. g. e.
1184 **Magdeburg.** Restaurationsthaler 1638. M. 2280. Sch. C. 7110. S. g. e.
1185 **Mainz.** 4 Kupfernothmünzen 1793 à 2 u. 1 Sol. Maill. 80. 6 u. 8. je 2. S. g. e.

Stadt Mülhausen s. unter „Elsass."

1186 **Nürnberg.** Kreuzer 1796. Probe in Gold. $\frac{1}{2}$ Ducate. Schön.
1187 Thaler 1623 u. 27. 3 Wappen u. D.-Adler. M. 5058 S. g. e.
1188 Desgleichen 1631. Stadtansicht. Rv. D.-Adl. m. Bb. Ferd. II. auf. d. Brust. M. 5062. S. g. e.
1189 Guldenthaler 1567. Maximilian II. Titel. Zu M. 5053. Weise 2367. 3. Gut erh.
1190 Halber Guldenthaler 1671 m. St. Sebaldus. Aehnl. d. Ganzen Weise 2383. 2. S. g. e.
1191 Einseit. Bronzemed. (1528) m. Bb. v. Friedr. Pistor, Abt zu St. Egidien. Will IV. 129. 36 Mm. Kl. Loch, sonst s. g. e.
1192 2 hübsche Bronzemed. 1865 Lorenzkirche u. 1887 Velociped-Rennen 40 Mm.
1193 **Pressburg.** Rathsgulden 1633. Stadtansicht. Rv. 14 Wappen. Wh. 1351. Appel 2652. S. g. e.
1194 **Regensburg.** Breiter Ducate m. Bb. Jos. II u. Stadtansicht. S. schön.
1195 Thaler 1649. Das v. einem Engel gehaltene Wappen. Rv. D.-Adl. m. Ferd. III. Titel. Wie M. 5094. Schön.
1196 Desgleichen 1694. Leopold I. Titel. Sch. C. 7186. Schön.
1197 Schützenthaler 1763 auf d. Hubertusburger Frieden u. d. 100jähr. Anwesenheit d. Reichsversammlung. M. 5107. Sch. C. 7193. S. schön.

Stadt Strassburg s. unter „Elsass."

1198 **Ulm.** Thaler 1623. M. 7218. B. 78 m. REIPVB. S. g. e.
1199 **Ulm u. Ueberlingen.** Schilling 1503. Beiders. Adler m. Stadtw. auf d. Brust. Bi. 260 (v. 1502.) Nicht im Berst. S. g. e.
1200 **Ulm, Ueberlingen u. Ravensburg.** Dicken 1502. M. 5968. Berst. 626 u. wie Binder p. 550 No. 252. Gut erh.
1201 **Wismar.** Breiter Doppelthaler o. J. 2 feld. Stadtwappen m. dopp. Umschr. Rv. D. hl. Lorenz m. d. Rost neben d. Wappen d. Stadthafens. M. 2353. S. g. e.

Ueberseeische u. Orientalen.

1202 **Canada. Ludwig XV.** Silberner Jeton 1755. Kopf u. Schiff. Wie Fonr. 8. 5 Gr. Alte Präge. S. g. e.

1203 **Quebeck.** Silberne Med. 1690. Bb. Ludw. XIV. Rv. FRANCIA IN—NOVO ORBE VICTRIX. Gallia auf einem Felsen sitzend etc. Abschn.: KEBEKA LIBERATA—M. DC. XC. Wie F. 123. 39 Gr. S. g. e.

1204 **Verein. Staaten v. Nordamerika.** Dime 1798. F. 427. Gut erh.

1205 **Unabhängigkeitskampf.** Tod d. holländ. Admiral W. Crull 1781. Bb. von vorn. Rv. Trauernder Mercur etc. V. v. L. 556. 32 Gr. S. g. e.

1206 Desgl. 1781. Seeschlacht bei Doggersbank. INJURIIS—COACTA. F. 332. V. v. L. 562. 28½ Gr. S. schön.

1207 George **Washington.** Manly Med. 1790. Bb. n. l. (v. Brooks.) Rv. 11 Zeilen. 49 Mm. F. 6102. S. g. e.

1208 **Maryland.** Lord Cecil Baltimore. 1632—72. Sixpence o. J. CÆCILIVS: DNS: TERRÆ—MARIÆ: & c. Bb. n. l. Rv. CRESCITE ET MVLTIPLICAMINI. Gekr. Wappen zwischen V—I. F. 2019. Mit einem Kreuzschild contremarkirt. S. g. e.

1209 **Mexico.** Halber Piaster ähnl. Sch. 2267, aber: KAROLVS: ❀: ET: IOhAN:, neben d. Wappen: M-M Rv. hISPANIE: ❀: ET: INDIARVM: RE: Gel., sonst s. g. e.

1210 **Michoacan. Carl IV.** Proclam.-Med. v. Valladolid (Morélia.) F. 6929. Herrera 227. Goldbronze. 45 Mm. S. schön.

1211 **San Luis de Potosi. Carl IV.** Proclamations-Med. 1790. Bb. u. Stadtwappen. Herr. 206. Nicht im Fonr. (Aehnl. F. 6981 v. Ferd. VII) 39½ Gr. Schön.

1212 **Oaxaca.** Kupferner Nothpeso 1813. F. 6941. Wie Maill. 83. 2. G. e.

1213 **Zacatecas.** Nothpeso 1811. F. 7085. Maill. 128. 2. G. e. — nebst schl. ¼ Nothpeso 1811 ohne Werthbez.

1214 **Guatemala.** ¼ Peso d. Stadt Guatemala auf d. Constitution v. Cadix 1812. F. 7195. Kl. Loch, sonst s. g. e.

1215 **Honduras.** ½ Peso 1871. Wappen. Rv. Baum zw. Lorbeerzweigen u. unter 11 Sternen. S. g. e.

1216 **Haiti. Henri I.** Probedollar. Bb. n. r. Rv. Gekr. Wapp. F. 7496. Das Bb. colorirt. S. schön.

1217 **Antigua.** Farthing 1836. F. 7793. N. 39511. S. g. e.

1218 **St. Christoph.** (St. Kitts). Bronzemed. 1666 auf Vertreibung d. Engländer. F. 7831, aber CHRISTIANISS. 11 Mm. S. g. e.

1219 **Columbia. Santa Fé de Bogotá. Ferd VII.** Proclamationspeso 1808. F. 8046. Herr. 79. S. g. e.

1220 **Ecuador.** ½ Peso (à 4 R.) v. Quito 1862. Kopf n. l. Rv. Wappen. S. g. e.

1221 **Brasilien. Peter II.** Medaillon (v. Ferrez) 1843 auf s. Vermählung m. **Therese Christine Marie v. Sicilien.** NUNQUAM COELO (OE zusammengez.) TERRÆQUE ACCEPTIOR Hymen. Abschn.: NUPTIÆ IMPERATORIÆ IN URBE FLUMINENSE MDCCCXLIII. Rv. Die 2 Wappen v. Brasilien u. Bourbon-Sicilien auf einem Hermelinmantel. 114 Gr. Nicht im Fonr. S. schön.

1222 **Peru**. Hübscher Peso 1880. Kopf n. l. Rv. Wappen.

1223 2 Constitutions-Medaillen 1831 u. 56. F. 9041 u. 9111. Zus. 32 Gr. S. g. e.

1224 Probepeso in Kupfer 1837. 3 feld. Wappen. Rv. EL GRAN / MARESCAL / DN MARIANO NECOCHEA / DIRECTOR DE LA CASA / DE MONEDA / LIMA in einem Kranze. F. 9055. S. g. e.

1225 Bronzemed. 1870. Eisenbahn v. Arequipa n. Puno. Wie F. 9177. 50 Mm. S. g. e.

1226 **Cuzco**. Peso 1825 m. Bb. Bolivars. Rv. Die Ruinen d. Incapalastes. F. 9205. S. schön.

1227 **Bolivia**. **Potosi**. Peso 1660. Wie F. 9275. Verg., sonst s. g. e.

1228 Aehnlicher Viertelpeso 1659. Gut erh.

1229 Boliviano 1865 m. Bb. d. Generals Melgarejo u. ½ desgl. 1865 m. Bbrn. von Munoz u. Melgarejo. F. 9676 u. 88. S. g. e.

1230 **Chuquisaca**. **Ferdin. VII**. Proclam.-Peso 1808. Beiders. Wappen. F. 9737. Herr. 26. S. schön.

1231 **Cochabamba**. ½ Boliviano 1861 m. Bb. d. Generals J. M. de Achá. F. 9783. Gut erh.

1232 $^1/_1$ Boliviano 1863 m. desselben Bb. Rv. Condor über Armaturen. F. 9750. S. g. e.

1233 **Argentinien.** ½ Peso 1846 unter **Rosas** u. desgl. 1883. S. g. e.

1234 **Java. Ostind. Cie**. Kupfer ½ Stüber v. **Batavia** 1844. Schwert u. Monogr. F. 373. S. g. e.

1235 **Cambodja. Norodom**. Franc. F. 2175 u. Silberprobe d. 10 Centimes 1860. S. g. e.

1236 Einseit. Silberfuang. F. 2155 (4 St.) u. **Birma** kl. Silberm. m. Pfau.

1237 15 Silbermünzen versch. indischer Staaten u. Landschaften. Zus. 81 Gr.

1238 Schöne Bronzemed. 1784 auf d. Siege d. französ. Admirals P. A. de **Suffren** in Indien. S. Kopf n. l. Rv. 9 Zeilen im Kranz. 49 Mm.

1239 **Pondichery.** Bronzemed. 1761. Kopf Georg III. Rv. Siegesgöttin zw. 2 Palmbäumen. 39 Mm. S. g. e.

1240 Insel **Mauritius**. 50 u. 25 Sous o. J. F. 6115 u. 16. S. g. e.

1241 **Ommajaden**. 5 versch. Kupfermünzen, m. d. Hyazinthenblatt v. **Haleb** (1), m. steh. Fürsten (2) u. **Er- Rakka** m. d. Leuchter (2). Gut erh.

1242 **Fathimiden**. **El Hakem - beamr - Illah**. Gelbbraune Glasmünze. F. 6457. Gut erh.

1243 **El Mostansser-Billah**. 427—487 (1035—1094) Golddinar. S. g. e.

1244 **Tscherkessische Mamelucken. El - Melik el - Aschraf**. 872—901. (1468—96.) Schöner dicker Golddinar. Wie F. 6580.

1245 **Griechenland. Cefalonia**. Bronzemed. 1813. z. Ehren des Gouverneurs Carl Phil. v. Bosset. Av. Italienische, Rv. griechische Inschr. 32½ Mm. S. g. e.

1246 **Serbien**. **Milan** 2 Dinar 1875 (v. Scharff) u. 1 Dinar 1875 (v. Leisek) S. g. e.

Personen-Medaillen.

(Insoweit sie nicht bei den betr. Ländern u. Städten eingereiht sind).

1247 **Albertolli**, Gioc. Schöne Bronzemed. 1839. Kopf n. l. Rv. 5 Zeilen. 55 Mm.

1248 **Andreani**, Paul, Luftschiffer in Mailand. Zinnmed. v. Guillemard 1784. Kopf n. r. Rv. Luftballon. 43 Mm. Schön.

1249 **Appiani**, Andr. Med. v. Cossa. Kopf n. l. Rv. L'INSUBRE / APELLE / DEL SECOLO / XIX. in einem Kranze. 56 Gr. Schön.

1250 Bronzemed. 1826 v. Manfredini. Kopf n. l. Rv. Grabmal. 43 Mm. S. schön.

1251 **Aretin**, Pietro. † 1557. Bronzemed. DIVVS . PETRVS . ARETINVS Bb. n. l. Rv. . VERITAS—ODIVM. PARIT Die „Wahrheit" von einem beflügelten Genius gekrönt, vor ihr d. „Hass", etc. Arm. II. 153. 11. 60 Mm. Gelochtes, gut erhaltenes Original.

1252 **Balestra**, Carl. Med. v. B. Perga. S. Bb. Rv. Sitz. Pallas m. Maler- u. Bildhauer-Insignien. 58 Gr. Verg. S. g. e.

1253 **Bellini**, Giuseppa Tornelli. Bronzemed. 1837 v. Galeazzi. Ihr verschleierter Kopf n. r. Rv. 2 allegor. Figuren. 55 Mm.

1254 **Bellini**, Vinc., Componist. Bronzemed. 1886 v. Speranza. Kopf n. l. Rv. * A PARIGI / PER LE RESTITUITE CENERI / DI / VINCENZO BELLINI / CATANIA / RICONOSCENTE 55 Mm. S. schön.

1255 **Bellman**, Carl Mich., schwed. Musiker u. Maler. Bronzemed. v. Lundgren. Kopf n. r. Rv. Schwan. Hill. 236. 3. 31 Mm. S. g. e.

1256 **Bernini**, Joh. Lor. Bronzemed. v. Cheron 1674. Bb. n. r. Rv. SINGVLARIS. IN SINGVLIS . IN . OMNIBVS VNICVS. 4 Allegorien d. Malerei, Sculptur u. Architektur. $72^1/_2$ Mm. S. g. e.

1257 **Bourré**, Paul, belg. Bildhauer. Bronzemed. v. Dargent auf s. Tod 1848. Kopf n. r. Rv. 6 Zeilen. 50 Mm. S. g. e.

1258 **Buonarotti**, Mich. Ang. † 1564. Bronzemed. v. Leone Leoni. Bb. n. rechts. Rv. DOCEBO . INIQVOS . V . T . ET (zusammengez.) IMPII . AD . TE CONVER Blinder m. Stab, v. s. Hunde geführt. Arm. 163. 6. 59 Mm. Schönes Original.

1259 **Byron**, Lord. Bronzemed. v. William. Bb. n. l. Rv. 4 Zeilen. 41 Mm. Schön.

1260 **Canning**, Georg. Bronzemed. 1827. Kopf n. l. Rv. Französ. Inschrift. 51 Mm. S. g. e.

1261 **Capellen**, Joh. Derk. Med. 1782. Schöne Med. Bb. n. r. Rv. 5zeil. Inschr. V. v. L. 579. 44 Gr.

1262 **Cavour**, Camillo. Kl. Bronzemed. 1873 v. Giani. Kopf n. r. Rv. 3 Zeilen. 21 Mm. S. g. e.

1263 **Colonna**, Vittoria. Schöne Bronzemed. v. Girometti. Bb. m. Schleier n. r. Rv. 4 Zeilen im Kranz. 42 Mm. S. schön.

1264 **Dante**, Alighieri. Bronzemed. 1831 v. Fabris. Bb. n. l. Rv. Grabmal. 55 Mm. S. schön.

1265 **Duleau**, Alph., Numismatiker. Bronzemed. 1866 v. Dubois. Kopf n. l. Rv. In- u. Umschrift. Nicht im Durand. 38 Mm. Schön.

Eckhel s. No. 1313.

1266 **Fogelberg**, B. E., schwed. Bildhauer. Bronzemed. v. L. Ahlborn. Kopf n. l. Rv. Reiterdenkmal. 31 Mm. Hill. p. 349. Schön.

1267 **Gabelsberger**, Fr. Xaver. Bronzemed. 1889. 100jähr. Geburtsfeier. Bb. v. vorn. etwas n. r. Rv. 8 Zeilen. Bronze. 50 Mm. S. g. e.

1268 **Gall**. Fr. Jos. Bronzemed. 1805. Bb. m. dopp. Umschr. Rv. Schädel auf Postament. 39 Mm. S. g. e.

1269 **Gyllenhaal**. Leon., schwed. Entomolog. Med. 1848. S. Bb. n. l. Rv. Priester vor d. Altar d. Cybele. Hild. p. 327. 12½ Gr. Schön.

1270 **Haydn**, Jos. Med. 1809 v. Voigt. Kopf n. l. Rv. Leier. 8 Gr. Schön.

1271 **Itzig**. Daniel. Zinnmed. v. Abramson 1793. Bb. n. r. Rv. Frau u. Knabe. 53 Mm. S. g. e.

1272 **Kempen von Fichtenstamm**. Joh. Bronzemed[on.] 1859 (v. Jauner). 50jähr. Jubil. Bb. n. l. Rv. 3 allegor. Fig. etc. 80 Mm. S. g. e.

1273 **Kien**, Nic. P. J., Bürgermeister v. Utrecht. Bronzemedaille 1864 von v. d. Kellen. Bb. n. l. Rv. 9 Zeilen im Kranz. 66 Mm. Schön.

1274 **Le Sueur**, Gust., Maler. Bronzemed. v. Leclerc 1828. Bb. n. l. Rv. 8 Zeilen. 40 Mm. S. g. e.

1275 **Lethiere**, G. Guillon, Director d. Französ. Academie in Rom. Med. 1815 v. Brandt. Kopf n. r. Rv. Villa Medicis. 53 Gr. Schön.

1276 **Maffei**. Jos. Ant. v. Eins. Portraitmedaillon v. Voigt 1852. Erhab. Kopf n. r. Bronze. 87 Mm. Schön.

1277 **Migliara**. Joh. Maler. Med. 1829 v. Putinati. Kopf n. l. Rv. Kranz etc. 30 Gr. S. g. e.

1278 **Molière**, Poquelin. Bronzemed. 1821 v. Caqué. Bb. n. l. Rv. 9 Zeilen. 41 Mm. Schön.

1279 **Nothomb**. Alphonse, belg. Staatsminister. Gr. Bronzemedaille v. Wiener 1857. Kopf n. l. Rv. Säule. 68 Mm. S. schön.

1280 **Örnsköld**, Pet. Abr., schwed. Bergrath etc. Schöne Bronzemed. Bb. Rv. Bergbauwerkzeuge. Hild. 227. 2. 31 Mm.

1281 **Ovidius Naso**. P. Schöne Bronzemed. v. Catenacci. Erhab. Kopf n. r. Rv. Pegasus auf d. Parnassus in einem Kranze. 41 Mm.

1282 **Palestrina**. P. A. Bronzemed. v. Cerbara. Bb. n. l. Rv. 6 Zeilen auf einer Tafel über einer Leier im Lorbeerkranze. 42 Mm. Schön.

1283 **Pélichy-van Huerne**, Baron J. de, Bürgermeister v. Bruges. Bronzemedaillon v. Hart 1855. Kopf n. r. Rv. 4 Zeilen im Kranz. 60 Mm. Schön.

1284 **Petrarca**, Franz. Bronzemed. v. Jeuffroy 1819. Bb. n. r. Rv. 10 Zeilen. Durand S. 41 Mm. S. g. e.

1285 **Politianus**. Aug. Bronzemed. v. Cerbara. Bb. n. l. Rv. 6 Zeilen im Kranz. 42 Mm. S. schön.

1286 **Radetzky**. Feldmarschall. Bronzemed[on.] 1859 (v. Seidan). Kopf n. l. Rv. S. Denkmal in Prag. 80 Mm. S. g. e.

1287 **Rubens**. P. P. Bronzemed. v. Hart 1840. Bb. v. vorn. etwas n. l. Rv. In- u. Umschr. 45 Mm. Schön.

1288 **Ruzé**. Ant., marquis d' Effiat. Bronzemedaille. Erhab. Bb. im Spitzenkragen n. r. QVIDQVID. EST. — IVSSVM. LEVE. EST. Hercules (Ruzé ?) nimmt Atlas d. Weltkugel ab. 65 Mm. S. g. e.

1289 **Schmerling**. Anton Ritter v. Med[on.] (v. Scharff). 25jähr. Jubilaeum als Curator d. Theresianischen Academie. S. Bb. n. r. Rv. Schmerling u. ein Schüler vor der von Pallas bekränzten Büste Maria Theresia's. 114 Gr. S. schön.

1290 **Sévigné.** Marie Rabutin de. Bronzemed. v. Gayrard 1816. Bb. n. l. Rv. 9 Zeilen. $40^1/_2$ Mm. S. g. e.
1291 **Sjöberg.** Erich. Bronzemed. 1828 v. Lea Ahlborn. Bb. n. r. Rv. LABORUM DULCE LENIMEN TUETUR. Mann mit Leier 31 Mm. Schön.
1292 **Stevin,** Simon. Bronzemed. 1846. Bb. n. r. Rv. Wappen. 48 Mm. Schön.
1293 **Strömer.** Martin. Astronomie-Professor in Upsala. Med. o. J. Bb. n. l. Rv 7 Zeilen. Hild. 161. 1. $15^1/_2$ Gr. S. g. e.
1294 **Taddini,** Gabriel. Bronzemed. 1538. S. Bb. n. l. Rv. VBI. — RATIO. IBI. FORTVNA. PFVGA—MDCCCXXXVIII. 4 Kanonen. Armand II. 176. 15. 39 Mm. Gut erhaltenes Original.
1295 **Tasso,** Torquato. Bronzemed. v. Catenacci u. Arnaud. Erhab. Kopf n. l. Rv. Leier im Kranz. 40 Mm. Schön.
1296 **Toyras,** Marschall. Bronzemed. 1634 v. Dupré. Bb. Rv. ADVERSA — CORONANT Sonne in Wolken. 55 Mm. S. g. e.
1297 **Vernet.** Jos. Bronzemed. 1818 v. Petit. Bb. n. r. Rv. 8 Zeilen. 41 Mm. S. g. e.
1298 **Vertius,** Nic. Bronzemed. v. Cavino. Bb. n. r. Rv. LEGIFE — RAE CERERI Ceres n. l. mit Buch u. Füllhorn. 36 Mm. Schön.
1299 **Veyrat,** Adr. Hippol., belg. Medailleur. Bronzemed. 1876. Bärt. Kopf n. l. (Selbstportrait). Rv. 8 Zeilen. 50 Mm. Schön.
1300 **Visconti,** E Quir., ber. Numismat. Bronzemed. 1832 v. Girometti. Kopf n. r. Rv. LVX . TEMPORVM . VITA . MEMORIAE . NVNCIA . VETVSTATIS. Sitz. weibl. Figur. Nicht im Durand. 51 Mm. S. schön.
1301 **Voorhout,** Marie Duijst van. Medaillon 1856 auf d. 100jähr. Jubilaeum d. Renswoude'schen Stiftungen. Ihr erhab. Bb. v. vorn. Rv. 9zeil. Inschrift auf einem v. 3 Genien mit Wappen gehaltenen bekränzten Schilde 107 Gr. S. g. e.

1302 Sammlung v. 66 meist deutschen unbestimmten Mittelaltermünzen. 51 Gr.
1303 Desgl. von 18 Bracteaten. Grosse u. Schrift-Bracteaten dabei.

Münzen u. Medaillen aus Gelegenheitsmetall.

1303bis Nothmünzen v. Antwerpen. Luxemburg. Mainz — u. Revolutionsmünzen v. Frankreich u. Piemont aus Kanonenmetall u. dgl. 6 St.
1304 6 Kriegsmedaillen. Oesterreich 1814. Preussen-Oesterreich 1864. Preussen 1813/14. 1814 u. 1870/71 — u. Kurhessen 1814/15. Sämmtlich aus Kanonenmetall.
1305 2 Med. Jubelfeier d. Schlacht b. Leipzig 1863 u. 1870/71. Aus Kugel- u. Granatenmetall.
1306 **Daenemark.** **Friedr. VI.** Med. 1883 aus Neuplatina auf s. Genesung. 55 Mm. S. g. e.
1307 **Mainz.** **Friedr. Carl Jos.** Contributionsthaler 1791 aus Kirchensilber. Sch. 3617. Maill. 82. 17. S. g. e.

1308 **Holstein.** Bronzemed. 1849 Eckernförde. Aus d. Kupfer d. Linienschiffes Christian VIII. 31 Mm. S. g. e.

1309 **Frankfurt a. M.** Contributionsthaler 1796 aus Kirchensilber. Maill. 39. 2. S. g. e.

1310 Med. 1867, — u. **Frankenstein** 1858. Aus d. Glockenmetall resp. Kupfer der betr. Kirchen. 38 u. 41 Mm.

1311 **Hamburg.** Medaillon erster Grösse 1843 aus d. Glockenmetall der Nikolaikirche. Av. HAMBURG — DANKT. / MDCCCXLIII. VIII. MAY. Stehende Hammonia. Rv. V. VIII. MAY MDCCCXLII. Wappen. 136 Mm. Gaed. I. p. 123 No. 22. In 127 Exemplaren für das Hülfe leistende Ausland gegossen. S. g. e. (In einem Etui aus Holz vom Thore des verbrannten Rathhauses).

1312 Dankmed. aus d. Kupfer d. Petrikirche — u. Bronzemed. aus dem d. Nicolaikirche. G. I. 124. 23 u. 117. 20. 33 u. 44 Mm. S. g. e.

1313 **Eckhel.** J. Bronzemed. 1880 v. Scharff (aus antiken roem. Münzen). Bb. n. l. Rv. 8 Zeilen. 35 Mm. S. g. e.

Elsass.

1314 **Belfort.** Bronzemed. 1654. Berstett p. 6. 41 Mm. Spätere Präge — u. Aluminium-Med. 1870. 71. S. g. e.

1315 **Colmar.** Schöner Thaler 1666. Stadtansicht, darunter 2 Wappen. Rv. D.-Adler m. Leopold I. Titel. M. 2185. Berst. 4. Eng. 82, aber Doppelpunkt n. MONETA im Av. u. ohne Doppelpunkt nach AVG im Rv.

Siehe Abbildung.

1316 Aehnlicher Thaler 1670. * COLMAR * statt COLLMAR über d. Stadt. Punkt nach AVG. E. 83. Sehr gut erh.

1317 Guldenthaler 1571. Ferdin. I. Titel. Berst. Suppl. 1. Eng. 50. Z. g. e.

1318 Guldenthaler o. J. Stadtwapp. u. D.-Adler. Weise 2210. B. 11. E. 92. Schön.

1319 Desgl. mit ❀ MONETA. NOVA. CIVITATIS. IMPERI: COLMAR u. m. Röschen statt d. Punkte im Rv. S. g. e.

1320 Zehnerklippe 1564. ✠ MONETA + NOVA · COLMARIENSIS Stadtw. in geschweiftem Schilde, darüber 1564. Rv. FERDINANDI + IMP + PF + DECRETO D.-Adler m. 10 auf d. Brust unter s. hoher Krone. E. 62. Gut erh.

Siehe Abbildung.

1321 Dickklippe v. Stempel d. 2 Kreuzer 1574. ✠ MON + NO + CIV + IMP. + COLMA Wappen zwischen 7—4 Rv. MAXI + II + ROMA + IMP + P + DE D.-Adler m. 2 auf d. Brust. Verg., geh., gut erh.

1322 Zwölfkreuzer o. J. Wappen u. D.-Adler. B. Supp. 11. E. 96. S. g. e.

1323 Batzen 1535. Stadtwapp., darüber Jahrzahl. Rv. Einköpf. Adler n. links. E. 21. S. g. e.

1324 Plappert o. J. ✠ MONETA ; NO' · (kl. Stadtw.) — COLMARIENS Eink. Adler n. l. Rv. S' · MARTI—N · PATRO' Der Heilige u. ein Skelett. Vgl. E. 6 — 10. S. g. e.

1325 Aehnl. Plappert v. 1526. E. 14, aber im Rv. Punkt statt Röschen nach S. Gut erh.

1326 Doppelvierer o. J. Einköpf. Adler n. l. u. langes Kreuz. E. 15, aber ✠ MONETA ⁑ NO' COLMARI' * im Av., S. MA — RTIN—º ⁑ PA—TRO. im Rv. Gut erh.

1327 Desgleichen m. MONETA. NO. COLMAR Rv. S MA—RTIN—.PAT—RONº. Die N im Av. verkehrt. Gut erh.

1328 Desgl. m. d. Stadtschildchen in d. Umschr. unter d. Adler. E. 34. B. 19. 2 Var. Gut erh.

1329 Desgleichen. Av. D.-Adler m. d. Stadtschildchen auf d. Brust. Eng. 43. 2 Var. mit und ohne Punkt am Ende der Umschriften. S. g. e.

1330 Vierer o. J. (Silber) ✠ MONET N(kl. Stadtw.)O COLMA Eink. Adler n. links. Rv. * S. MARTINVS. PATRON Blumenkreuz. Vgl. E. 35. S. g. e.

1331 Desgl. Billon. Adler n. rechts. Rv. MARTINVS. PATRON E. 36bis. 4 Var. S. g. u. g. e.

1332 Desgl., wie Vorige, aber MARTINVS * PATRONVS Nicht im E. S. g. e.

1333 Desgleichen. Av. * MONETA * COLMAR: Eink. Adler n. r. mit Stadtw. auf d. Brust. Rv. . S : MARTIN : PATRON. Bb. d. Heiligen m. Schein n. l. E. 41. S. g. e.

Siehe Abbildung.

1334 Br. Billonmünze (Batzen ?) 1666. Stadtwapp. u. D.-Adl. B. 18. E. 88. 3 St. G. u. s. g. e.

1335 Desgleichen v. 1667. E. 89. Gut erh.

1336 Desgleichen v. 1669. E. 87. 3 St. G. u. s. g. e.

1337 Desgl. 1666. Hälfte d. Vorigen. E. 90. S. g. e.

1338 Dreikreuzer o. J. Rudolph II. Titel. E. 78. Gut erh.

1339 Zweikreuzer o. J. Stadtwappen u. D.-Adler m. Maximilian II. Titel. E. 71. Gut erh.

1340 Desgl. m. Rudolph II. Titel. E. 80 (RVDOL. 2. IMP etc.) S. g. e.

1341 Desgl. m. RVD. II. etc. Wie E. 81, aber ✠ MONETA CIV : IMP : COL : im Rv. S. g. e.

1342 Desgl. m. * RVDOL : II . ROMA . IMP : P . DEC Nicht im E. S. g. e.

1343 Einseitiger Pfennig. Eink. Adler m. d. Stadtw. auf d. Brust in einem Kreise. Perlengrenetis. B. 12. E. 37. S. g. e.

1344 Desgleichen. Statt d. Adlers d. Stadtwapp. in span. Schilde. E. 38. S. g. e.

1345 Einseitige viereckige Kupfermarke. In einem Vierecke: **S** neben d. Stadtwappen. E. p. 14 Anm. $^{28}/_{30}$ Mm. S. g. e.

1346 Bronzemed. 1730. FRANÇOISE SVZANNE DE LAVDREAV . NIC . DE CORBERON PR. PRESIDENT DALSACE 2 Wappen unter einer Krone auf Hermelin. Rv. ARDEMUS EODEM. 2 gekreuzte brennende Fackeln. Abschn.: 1730. 29 Mm. Berst. S. 26. S. g. e.

1347 Achteckige Med. 1821 für die Mitglieder d. Stadtrathes. Bekränztes Stadtwapp. unter Mauerkrone: unten: OBLIN . F. Rv. CIVITAS POPULUS QUE COLMARIE MDCCCXXI. in einem Lorbeerkranze. Berst. 22. $12^{3}/_{4}$ Gr. S. g. e.

1348 Desgleichen. Wie vorher. OBLIN F links v. Stadtw. 13¾ Gr. S. g. e.

1349 Desgleichen. Ohne das OBLIN F. 13¾ Gr. S. g. e.

1350 Bronzemed. 1828 auf Anwesenheit v. Charles X. Rv. 7 Zeilen im Kranz. 35 Mm. Berst. p. 10. S. g. e.

1351 Zinnjeton 1856. Einweihung d. Denkmals zu Ehren d. Generals Rapp. Inschr. u. Stadtw. 35 Mm. 2 Ex. G. u. s. g. e.

1352 Bronzemed. d. Concours régional agricole 1860 (Produits agricoles). Kopf Napoleon III. n. links. Rv. Kranz. 51 Mm. S. schön.

1353 Desgleichen 1867 (Animaux de Basse-Cour) m. belorb. Kopf d. Kaisers n. rechts. 51 Mm. Schön.

1354 Desgl. 1860 u. 67 m. Kopf d. Kaisers n. links (ohne u. mit Lorbeerkranz) Rv. Das v. 2 Flussgöttern gehaltene Stadtwappen. 51 Mm Schön.

1355 Bronzemed. (1874) d. Garten- und Weinbauvereins. Stadtwappen u. Kranz. 50½ Mm. Schön.

1356 Kl. Bronzejetons 1882. Cavalcade de Bienfaisance u. 1889 Histor. Gewerbe-Umzug. 29 u. 28 Mm. S. g. e.

1357 Zinnm. 1885. Cavalcade au profit des pauvres. 30 Mm. S. g. e. — u. Cartonmarke d. Société de Tir.

1358 Admiral Armand Jos. **Bruat.** Schöne Bronzemed. v. Borrel (1864) auf s. Tod 1855. Kopf n. r. Rv. Umschr. NÉ A COLMAR etc. u. im Felde in einem Lorbeerkranze 11zeil. Inschrift: AMIRAL DE FRANCE. SÉNATEUR. etc. 68 Mm. S. schön.

1359 **Ensheim.** Bronzemed. 1674. Berst. p. 15 (ohne PVGNA). E. p. 264 No. 8 Anm., jedoch DOLLIN. F. u. U st. V. 41 Mm. Spätere Präge. Schön.

1360 **Ensisheim. Erzh. Ferdinand.** Doppelthaler o. J. m. FERD. am Ende d. Rv.-Umschr. E. 14. S. g. e.

1361 Desgleichen. Gleiche Umschr., aber d. Kürass mit senkrechten Streifen aus Kugeln u. Röschen verziert. Nicht im E. S. g. e.

1362 Dicker Doppelthaler vom Stempel eines Thalers. Aehnl. E. 65—67. Rv.-Umschr. DVX . — BVR . LA : — ALS : CO : — FER. Als Doppelthaler unedirt. S. g. e.

1363 3 Thaler o. J. E. 30, 47 Var. u. 60. S. g. e.

1364 Viertelthaler u. Groschen. E. 74 u. 81. S. g. e.

1365 Doppelvierer o. J. Langes Kreuz u. 2 feld. Wapp. Var. v. E. 85—90, m. FERD — D . G . A — R . AVS — D . BV. im Av. u. LANDG : ALS : CO : PHI· im Rv. S. g. e.

1366 Vierer o. J. Wapp. v. Oberelsass u. Blumenkreuz. E. 93. S. g. e.

1367 **Rudoph II.** Doppelthaler 1604. Sch. 180· · Var. B. Suppl. 38. E. 127, aber ohne Doppelpunkt n. ARCHIDVCES u. im Av. theilweise Zierrathen st. d. Doppelpunkte. S. g. e.

1368 Thaler 1603 u. 6. Sch. 174 u. 185. E. 117 u. Av. E. 134, Rv. E. 133. S. g. e.

1369 Desgleichen 1608 u. 11. Sch. 189 u. 197 (m. ALS) E. 143 u. 154 Var. S. g. e.

1370 **Erzherz. Maximilian.** Doppelthaler 1617. E. 184. S. g. e.

1371 Aehnlicher Doppelthaler 1614. E. 169, aber d. Kopf berührt oben d. Perlkreis. Verg. S. g. e.

1372 Schöne Thaler 1615 u. 17. E. 178 u. 186.

1373 **Ferdinand II.** Thaler 1621. 22 u. 23. E. 202. 206 Var. u. 208. S. g. e.

1374 **Erzherz. Leopold.** Doppelthaler o. J. Av. E. 214. Rv. E. 213. Das Bb. durchbricht oben d. inneren Schriftkreis. S. g. e.

1375 Thaler 1620. 2 Var. Jahrz. vor u. zu d. Seiten d. Bb. E. 216 Var. (m. CARIN:) u. 236. Schön.

1376 Desgl. 1620. Jahrzahl unter d. Bb. Umschr. genau wie bei E. 218. S. schön.

1377 Thaler 1621. 22 u. 24. E. 252 Var., 256 u. 270. S. g. e.

1378 Thaler 1626 u. 30. Bb. im Herzogshut etc. E. 288 u. 308. S. g. e.

1379 Guldenklippe o. J. Wie die Thalerklippe E. 318. Verg., geh. u. z. g. e.

1380 Duplex 1623. 2 feld. Wapp. u. Blumenkreuz. E. 265. aber LEOPOLDVS. S. g. e.

1381 Eins. Pfennig (Rappen) o. J. Wappen v. Oberelsass in einem Kreise. Perlengrenetis. E. 323. S. g. e.

1382 Kupf. Rechenpfennig (Jeton o. J.) + . RECHEN . PFENIN . BIN . ICH . GENANT . + Rechenbrett m. 16 Kugeln. Rv. ZAIG + OFT + AN + GROS + EER + V + SCHAN .·. + Engel m. d. Wapp. v. Oesterreich u. Oberelsass. E. 325. aber d. Rechenbrett nicht herzförmig. sondern in d. Form eines span. Schildes. S. g. e.

1383 Desgleichen. * MANET VLTIMA COELO Zwischen d. Schilden v. Oesterreich u. Elsass ein Bund v. Lilien m. Lorbeer- u. Palmzweigen. oben d. Herzogskrone. über d. Schilden: C—H. unter denselben: V—H. Rv. Wappen v. Oberelsass. Av. E. 329. Rv. wie d. Av. v. 331. S. g. e.

S. auch No. 410.

1384 **Hagenau.** Halber Gulden 1671. E. 92. aber d. letzte Buchstabe in CAME. E aus H geändert m. AC . CIV : u. SEM . AVG. die letzte Ziffer d. Jahrzahl sieht wie 7 aus. S. g. e.

1385 Dicken o. J. E. 36. aber CAMERA : u. AETER. 6½ Gr. S. g. e.

1386 Zwölfer o. J. Rose im Feld. Rv. D.-Adl. m. 12 auf d. Brust. E. 59. aber FERDINAND : II : ROM : IMP : SE : AVG im Rv. S. g. e.

1387 „Rathsgelt“ (Batzen)“ o. J. E. 46. Glänzend.

1388 Desgleichen 1666. E. 72. S. g. e.

1389 Groschen 1602. Rudolph II. Titel. E. 23. S. g. e.

1390 2 Kreuzer o. J., 1666 u. 68. u. Kreuzer 1668 (?) E. 64. 74 Var., 84 Var. u. 85. S. g. e.

1391 Mittelalterdenar. Rose u. 3 thürmige Burg. E. 8. S. g. e.

1392 Einseit. Heller. E. 95 u. 97 (zus. 3 St.) u. ähnl. E. 100 m. grossem **H.** S. g. u. g. e.

1393 Bronzemed. 1675. B. p. 20. Eng. p. 261 No. 9. m. DOLLIN. **F** unter d. Kopfe Ludw. XIV. 41 Mm. Spätere Präge. S. g. e.

1394 Kloster **Heiligkreuz**. Einseit. Mittelalterpfennig. Kreuz zw. 2 Krummstäben. Berst. 48. S. g. e.

Siehe Abbildung.

1395 **Hüningen.** Bronzemed. 1679. B. p. 21. E. p. 264. 12. aber I. MAVGER. F. 41 Mm. Spätere Präge. Schön.

1396 **Landau.** Nothklippe 1702 à 1 Livre 4 S. E. 4. Maill. S. 50. 1. jedoch ziemlich regelmässiges. längliches. dickes Viereck. S. g. e.

1397 Desgleichen à 1 Livre. 1. S. Maill. 69. 5. E. 6. S. g. e.

1398 Desgleichen 1713 à 2 Fl: 8 x. M. 1974. Maill. 69. 7. B. 54. E. 10. S. g. e.

1399 Desgleichen 1713 à 1 Fl: 4 x. Maill. 69. 8. E. 11. B. 55. S. g. e.

1400 Desgleichen 1713 à ½ Fl: 2 x. Maill. 69. 9. E. 12. B. 56. S. g. e.

1401 Medaille 1702 auf Eroberung d. Stadt durch d. Kaiserlichen. LANDAU / VON / I. RÖM. KEY. MAY / UND / DES. REICHS. WEGEN etc. in 12 Zeilen über 2 Palmzweigen. Rv. Plan d. Stadt u. d. Belagerungsarbeiten. B. Suppl. 90. E. 18. Nicht im v. Loon. 34 Gr. S. g. e.

1402 Bronzemed. 1703. Eroberung durch d. Franzosen. E. 21. 41 Mm. Spätere Präge. S. g. e.

1403 Desgl. 1713 auf Eroberung Landau's u. Freiburg's durch dieselben. E. 27, aber U statt V u. unter d. Kopfe J. MAUGER. F 41 Mm. Nicht im Berst. S. g. e.

1404 Desgl. Ebenso, mit DOLLIN. F. unter d. Kopfe. Spätere Präge. S. g. e.

1405 **Lichtenberg.** (Hanau) **Philipp V.** 3 versch. Hohlpfennige. E. 30, 32 u. 33. S. g. e.

1406 **Joh. Reinhard.** Testons (Dicken) o. J. u. 1609. E. 52 u. 60. S. g. e.

1407 Zwölfer 1624, Kreuzer 1624 u. Hohlpfennig o. J. E. 73, 100 u. 103. S. g. e.

1408 **Phil. Wolfgang.** 2 Zwölfer 1626. Aehnl. E. 112 m. PHILIPVS., ET. ZW u. AVG — u. PHILIPPVS., E. ZW. u. AV: S. g. e.

1409 **Friedr. Casimir.** Gulden o. J. Mm. GH—P. E. 133. 2 Var. m. u. ohne Punkt nach ADV. S. g. e.

1410 Desgleichen. Mm. H—P. E. 137. S. g. e.

1411 Desgleichen 1672. Mm. M—G. E. 139. Gut erh.

1412 Desgleichen 1675. Mm. S—M. E. 145. Gut erh.

1413 Desgleichen 1680. E. 146 (aber je 1 Perlen auf d. Krone) — u. Albus 1655, 1667, 68 u. 69. S. g. e.

1414 Halber Gulden o. J. E. 147. S. g. e.

1415 Zwölfer o. J. E. 149, aber d. innere Schriftkreis im Rv. nicht geperlt. Gut erh.

1416 **Phil. Reinhard.** Gulden 1694. E. 208. S. g. e. — nebst 3 Doppelalbus 1693 etc.

1417 **Markirch.** (Ste. Marie-aux-Mines). 2 achteck. Biermarken 1857. S. g. e.

1418 **Molsheim.** 2 Bracteaten. Rad m. 6 Speichen. B. 57. E. 1. S. g. e.

1419 **Moosch.** Schöne Bronzemed. 1864. Einweihung d. neuen Pfarrkirche. durch d. Bischof Raess v. Strassburg. 12 Zeilen u. Kirche. 51 Mm.

1420 **Mülhausen.** Thaler 1623. Löwe m. d. Radschild. Rv. D.-Adler. Laubrand. Haller 2076. M. 7063. B. 58a. E. 5. Justirt, sonst s. g. e.

1421 Desgl. 1623 m. d. Stadtschild im Av. E. 6. H. 2077. Bleiabschlag. S. g. e.

1422 Bronzejeton d. Handelsgesellschaft 1816. Berst. p. 37. 27 Mm. S. g. e.

1423 Bronzemed. 1819. Goldene Hochzeit v. J. **Koechlin** u. Cl. **Dollfus.** 5 Zeilen u. Wappen. 30½ Mm. S. g. e.

1424 Zinn- u. Messingmed. 1831 u. 84, Cavalcade de Bienfaisance — u. Jeton de Présence d. Société industrielle. Bronze. 32. 28 u. 30 Mm. S. g. e.

1425 2 Zinnmed. 1870. 8me. Réunion des Chanteurs de l'Alsace. 28 u. 41 Mm. S. g. e.

1426 Schöne Bronzemed. 1876. 50 jähr. Jubilaeum d. Société industrielle. 50 Mm.

1427 Zinnmed. 1885. MÜSIKFEST / ZAMMÄKUMFT etc. 28 Mm. — u. Zinnmarke d. Brasserie D. Grumler. S. g. e.

1428 **Murbach u. Lüders.** **Joh. Ulrich v. Raittenau.** Guldenthaler (15)71. Sch. 5201 Var. E. 31. S. g. e.

1429 **Andreas v. Oesterreich.** Groschen 1596. B. 101. E. 61. S. g. e.

1430 Erzherz. **Leopold v. Oesterreich.** Thaler o. J. m. sitzendem Heiligen. Sch. 5210. E. 64, aber ohne Punkt nach SANCTVS, im Rv. AV * S. g. e.

1431 Desgleichen. D. Heilige bis halben Leib über d. Wappen. Sch. 5208 u. E. 65, m. LEODEGARIVS im Av. u. Punkten u. Doppelpunkten in d. Rv.-Umschr. S. g. e.

1432 Zwölfer o. J. 2 Wappen unter d. Mitra, darunter 12 in Oval. Rv. Bb. d. hl. Leodegar n. r. E. 76. S. g. e.

1433 Doppelbatzen 1624. 2 Wappen u. sitz. Heiliger. E. 80. 3 Var. m. einfachen u. Doppelpunkten. S. g. e.

1434 2 versch. desgleichen m. LVD: statt LVDR. S. g. e.

1435 Erzherz. **Leopold Wilhelm.** Hübscher Batzen o. J. Rv. 4feld. Wappen. E. 93 (m. PATR . MVR . ET . LVD *)

1436 Desgleichen, ähnlich. E. 91, aber m. ❀ LEOPOLD . GVILIELM. (sic!) D . G . ARCHI . D . AV im Av. S. g. e.

1437 **Columban v. Andlau.** Batzen 1663. 4feldiges Wappen. Rv. Steh. Heiliger. E. 99. S. g. e.

1438 Einseitiger Pfennig. 3feld. Wapp. in Perlengrenetis. B. 110. E. 105. S. g. e.

1439 Jeton m. gravirtem Wappen u. Inschr.: „*J'appartiens*“ etc. E. 108. Blei. 34 Mm. S. g. e.

1440 **Franz Egon** oder **Felix Egon v. Fürstenberg.** Einseit. Pfennig. B. 112. E. 106. S. g. e.

1441 **Neubreisach.** Bronzemed. 1699. Eng. p. 263. 6. 41 Mm. Spätere Präge. S. g. e.

1442 **Schlettstadt.** Kl. vers. Bronzemed 1891. Cavalcade zu Gunsten der Armen. 26 Mm. Schön.

1443 **Strassburg. Lothar I.** 840—55. Becker'scher Denar. E. 18 Anm. S. g. e.

1444 **Ludwig d. Kind.** 900—6. Denar m. ARGENT / IN . CVN in 2 Zeilen. S. g. e.

1445 2 ähnl. Denare. G. u. z. g. e.

1446 **Otto II.** u. Bischof **Erkenbold** — 991. Denar. Kopf d. Kaisers n. r. Rv. ✠ ERCHAN. . . EP Kirche. Dannenb. 932. E. 60. Z. g. e.

1447 Kaiser **Conrad II.** 1024—39. Denar. Gekr. Bb. n. l. Rv. Schrift. Dannenb. 921. E. 139. Z. g. e.

1448 Desgleichen m. d. Bb. d. Kaisers v. vorn. Dannenb. 922. E. 113. Z. g. e.

1449 **Strassburg-Bisthum. Joh. v. Manderscheid.** 2 Kreuzer (15)79 u. 91. E. 204 u. 221 Var. S. g. e.

1450 **Carl v. Lothringen.** Viertelthaler (Testons) o. J. u. 1604 — u. Groschen 1604. E. 239, 243 u. 244. S. g. e.

Erzherzog Leopold s. No. 425.

1451 Erzherz. **Leop. Wilhelm.** Anonyme 2 Kreuzer o. J. m. Ferd. II. Titel. 3 St., m. ARGEN: u. ARGENT: Vgl. E. 277. S. g. e.

1452 **Ludw. Constantin v. Rohan.** Halber Thaler 1759. Bb. u. Wapp. Sch. 4809 Anm. E. 303. Verg. u. geh., sonst s. g. e.

1453 Aehnl. 1/5 Thaler (24 Sols) 1759. E. 305. Gut erh.

1454 1/6 u. 1/12 Thaler 1759 m. Bb. u. 20r 1773. E. 307, 8 u. 9. S. g. e.

1455 **Strassburg-Stadt.** Goldgulden. VRB — EM * VIRGO — TVAM * SE — RVA Thronende Jungfrau über d. Wappen. Rv. ✠ AVREVS * VRBIS * ARGENTINE NVMMVS R.-Apfel in 3fachem Sechspass. K. 3060. B. 236a. E. 417. S. g. e.

1456 Desgleichen. Aehnl. Darstellung. Av. VRBEM . CHRISTE . — . TVAM . SERVA : Rv. ❀ AVREVS . VRBIS . ARGENTINAE . NVMMVS D.R.-Apfel in einem reichverzierten einfachen Sechspass. Versch. v. E. 421—425. S. g. e.

1457 Desgleichen. Wie vorher, statt d. Rosette aber 3 Zainhaken am Anfang d. Rv.-Umschr. E. 425, aber nur ein Punkt nach NVMMVS. S. schön.

1458 Desgleichen. D. Jungfrau etwas kleiner, m. abwärts geneigten Händen auf geschweiftem Throne über ovalem Schildchen, im Rv. Sternchen zw. d. Worten. E. 426. S. schön.

1459 Ducate. 4 Zeilen zw. 2 Zweigen. Rv. Das v. 2 Löwen geh. ovale, beh. Wappen. K. 3061. B. 239. E. 489. S. g. e.

1460 Thalerklippe. ❀ NVMVS . REIP : — ARGENT — ORATENSIS Das von einer kleinen Lilie überragte, von 2 auswärts blickenden Löwen geh. Wappen. Rv. ❀ SOLIVS * VIRTVTIS * FLOS * PERPETVVS Grosse Lilie. Vgl. d. Thaler E. 430. Als Klippe unedirt. Geh. gew., sonst s. g. e.

Siehe Abbildung.

1461 Aehnlicher Thaler mit auswärts blickenden Löwen, jedoch ohne d. Lilie über d. Wappen. Av. ❀ NVMVS . REIP : — ARGENTO — RATENSIS Rv. ❀ SOLIVS . VIRTVTIS . FLOS . PERPETVVS Nicht im E. Schön.

1462 Desgleichen. Die Löwen v. vorn, halten eine Lilie über d. Wappen. M. 5130. B. 219. E. 439. Schön.

1463 Desgleichen m. Jahrzahl 1617. Gleicher Typus. Av. (Arabeske) NVMMVS ❀ REIP ❀ ARGEN — TORATENSIS :, im Felde über d. Lilie: 1617. Rv. ❀ SOLIVS ❀ VIRTVTIS ❀ FLOS ❀ PERPETVVS : B. Suppl. 186. E. 438. S. g. e.

Siehe Abbildung.

1464 Halber Thaler Av. INSIG * etc. Das von 2 einander anblickenden Löwen geh. Wappen. Rv. ❀ GLORIA * etc. Lilie. B. 220. E. 444. S. g. e.

1465 Viertelthaler v. gleichem Typus. B. 221. E. 446. S. g. e.

1466 Dicken. Wappen ohne Schildhalter. Rv. Lilie. E. 455. S. g. e.

1467 Gulden à 60 Kr. Stadtwappen u. Lilie. M. 5131. B. 215. E. 484. S. g. e.

1468 Aehnlicher Gulden mit * LX * K * S. g. e.

1469 Zwölfer (Dreibätzner). 4 Var. E. 472, 478. 479 u. 481. G. u. s. g. e.

1470 Groschen. E. 383 Var. u. 388. Halbgroschen (Semissis) E. 366 Var. (3), E. 377 u. 381. Zus. 7 St. S. g. e.

1471 Semissis. ähnlich. E. 364 etc., aber mit ❀ SEMISSIS * ARGENTINESIS (sic!) Die Lilie frei, ohne Vierpass, von 4 kl. Lilien umgeben. Rv.-Umschr. ✠ GLORIA . IN . EXCELSIS. DEO Unedirt. S. g. e.

1472 3 Vierer. E. 348 Var. u. 352 Var (2) — u. Kreuzer E. 403 u. 412. 5 St. S. g. e.

1473 Vierer (2 Kreuzer). E. 355 (3 Var.) u. 358 (6), eine m. 3 Zainhaken vor d. Rv.-Umschr. S. g. e.

1474 5 versch. einseitige Pfennige m. d. Engel. E. 315. S. g. e.

1475 11 desgleichen m. d. Lilie. E. 317, 18 etc. S. g. e.
1476 Aehnl. Viertelheller. E. 319. S. g. e.
1477 Eins. Pfennige. Lilie über Wapp. E. 331 (ohne Punkte). 332, 34 u. 39 (8). Zus. 6 St. S. g. e.
1478 Desgl. m. **H** unter Lilie. E. 340 (2 St.) u. mit d. Wappen (ohne Lilie) im ganzen Felde. E. 341 Var. S. g. e.

S. auch No. 758.

1479 **Französ. Herrschaft.** Gulden 1685 à 30 Sols. B 228. E. 506 Anm. S. g. e.
1480 4 Sols 1682. 2 Sols 1687. 1 Sol 1682 (2) u. 84. E. 502, 501 u. 495. S. g. e.
1481 Gulden (½ écu aux palmes) 1694 u. (aux insignes) 1702. E. 508 u. 22 (v. 1701). S. g. e.
1482 33 Sols (¼ Thaler) 1705 u. 7. E. 523 u. 24. S. g. e.
1483 **Ludwig XIV.** Gulden (44 Sols) 1709. E. 527. S. g. e.
1484 Desgl. 1710 u. 13. E. 526 u. 530. S. g. e. — u. desgl. mit abgeschliffener Jahrz.
1485 22 Sols 1710 — u. 11 Sols 1710 u. 11. E. 532, 35 u. 36. G. u. s. g. e.
1486 **Napoleon,** Premier Consul. 5 Francs. An 12. Glänzend.
1487 Derselbe als Kaiser. 5 Francs 1806 m. REPUBLIQUE- FRANÇAISE. Glänzend.
1488 Desgleichen 1814 u. 15 m. EMPIRE FRANÇAIS. Glänzend.
1489 2 glänzende 1 Franc 1808, ¼ Franc An 13, 10 Cent. 1808 u. 3 Blocade-Décimes 1814. Maill. 102. 3 u. 4.
1490 **Charles X.** 5 Francs 1829. Glänzend — u. 2 Francs 1829.
1491 **Louis Philippe.** 5 Francs 1830 u. 34 — u. 1 Franc 1842. Glänzend.
1492 **Republik.** 5 Francs 1849 u. 2 Francs 1850. Schön.
1493 **Napoleon III.** 5 Francs 1855 u. 70, 2 Francs 1856, 1 Franc 1860 u. 70 u. 5 Kupferm. S. schön.

1494 Eins. Noththalerklippe 1592. Maill 102. 1. B. 222. E. 448. S. g. e.
1495 Schiessthaler 1576. M. 2333. B. 251. E. 576. Henkelspur, sonst s. g. e.
1496 Schiessthaler 1590 m. d. Kanone. M. 2336. E. 587. S. g. e.
1497 Thalerklippe auf d. Reformationsjubilaeum 1617. M. 2337. B. 245. E. 607. Henkelspur, sonst s. g. e.
1498 Runder Thaler auf dass. Ereigniss. Von anderem Stempel. E. 609. Henkelspur, sonst s. g. e.
1499 Aehnlicher halber Thaler. E. 610. Schön.
1500 Viertel Reformationsthaler 1617. Beiderseits Schrift. E. 612. 8 Gr. Gut erh.
1501 2 versch. kleine Reformationsklippen 1617. E. 615. S. g. e.
1502 2 ähnliche Klippen v. 1817 — u. Miniaturmed. m. d. Bbrn. v. Luther u. Melanchthon. E. 619 u. 620, sowie Zinnmed. 1817 (v. Müller). B. 248. 21 Mm. S. g. e.
1502bis Klippe 1655. Gedächtniss d. Religionsfriedens. B. 246. E. 618. 3½ Gr. S. schön.
1503 Thaler 1679 auf d. Nymwegener Frieden. Arche Noah etc. M. 2338. E. 602. S. g. e.
1504 Kl. Medaille auf denselben. 9 Zeilen Schrift. Rv. Regenbogen. E. 604. 5 Gr. S. g. e.

1505 Zunftmedaille o. J. Das v. 2 Löwen geh. Stadtwappen in einem Kreise v. 21 kl. Wäppchen. Rv. Stadtansicht. Abschn.: VRBEM CHRISTE / TVAM SERVA. E. 514. 13 Gr. S. g. e.

1506 Med. 1627. Stadtansicht u. Wappen m. dopp. Umschr. Regir o Herr etc. E. 547. 21 Gr. Gut erh.

1507 Med. 1628. Stadtansicht u. Wappen. DER ENGEL. etc. E. 553. 4½ Gr. Verg. S. g. e.

1508 Med. o. J. THVE RECHT SCHEV NIEMAND. Das Wappen d. Stadt, von 10 kleineren Elsässer Staedtewappen umgeben. Rv. FORCHTE GOTT. — EHRET DEN KÖNIG. Engel über d. Stadt. unten Schild m Monogr. E. 559. Bronze. 15½ Mm. S. schön.

1509 Med. 1629 (v. Fechter.) Engel m. d. Lilie über d. Stadt. Abschn.: Der Jugend Cron etc. Rv. Das v. 2 Löwen geh. Wappen. E. 564. 12½ Gr. Verg. S. g. e.

1510 Taufmed. LAST. DIE. KINDLIN etc. Taufscene. Rv. DEN . SOLCHER . IST etc. Gr. Lilie. E. 572. 11½ Gr. Umgelegter Rand. Verg., gut erh.

1511 Gymnasialprämie 1693. Av. 6 Zeilen. Rv. SERVABIT ODOREM. Himmlische Hand leert eine Kanne in eine untenstehende Vase. E. 649, nach Berst. unrichtig beschrieben.

1512 **Ludwig XIV.** 1 neugepr. Bronzemed. 1681. E. 657 (aber DOLLIN . F.). E. 662 (m. I . MAVGER . F u. U st. V), E. 665 — u. 1683 E. 669 (gleiche Var. wie E. 662.) 41 u. 35 Mm. S. g. e.

1513 Derselbe. Gr. Bronzemedaillon 1681. NON . FERRO, etc. E. 655, aber V st. U etc. 61 Mm. Neue Präge. Schön.

1514 Desgleichen. SACRA RESTITVTA. E. 661. 62 Mm. Neue Präge. Schön.

1515 Med. 1744. **Ludwig XV.** zu Pferd n. l. Rv. 2 Engel etc. über d. Stadt. E. 677. Composition. 41½ Mm. G. e.

1516 Med. 1770. Ankunft v. **Marie Antoinette.** Berst. p. 100. E. 678. Composition. 52 Mm. G. e.

1517 Eins. Med. (v. Kamm, auf dieselbe Gelegenheit ?) VIVE . MONSEIGNEVR . LE . DAVPHIN . ET . MADAME . LA . DAVPHINE u. kl. Lilie. Gekr. Delphin. Zinn. mit Henkel. 52 Mm. S. g. e.

1518 Joh. Dan. **Schoepflin.** Zinnmed. 1771 (v. Kamm). Bb. n. l. Rv. Trauernde Figur vor Grabmal. B. p. 87. E. 712. 49 Mm. S. g. e.

1519 2 Zinnmed. (v. Kamm u. v. Müller) m. Bb. u. Grabmal d. Marschalls v. Sachsen. B. p. 87. E 713. 55 Mm. S. g. e.

1520 2 desgl. m. d. Münster, m. deutscher u. m. französ. Inschrift. B. p. 88. 51 u. 55 Mm. S. g. e.

1521 Jubilaeumsmed. 1781 m. Kopf d. Dauphins. B. p. 85. E. 623. 7 Gr. S. g. e.

1522 Dieselbe in Blei, bronzirt. 29 Mm. S. g. e.

1523 Sechseck. desgleichen. Lilie u. Schrift. E. 626. 6½ Gr. Schön.

1524 **Napoleon** Med. auf d. Frieden v. Campo Formio 1797. ITALICUS. Bb. n. l. Rv. ALEXAND . / BVONAPARTE . / POST . / HERCVLEOS . LABORES. etc. über einer Trophäe. Mill. 38. 14 (In Strassburg auf Kosten v. Stephan Mainoni geprägt). 24½ Gr. S. schön.

1525 Gr. Bronzemedaillon 1809 (v. Droz). Frieden v. Schönbrunn. Bb. Napoleons n. r. Rv. Stadtgöttin vor einem Altare. Berst. p. 85. Nicht im Mill. 86 Mm. S. schön.

1526 Ankunft d. Kaiserin Marie Luise 1810. Berst. p. 86. 2 Ex. (1 verg.) Zus. 27 Gr. S. g. e.

1527 Dieselbe Medaille in Bronze. 32 Mm. S. g. e.

1528 Bronzemed. 1830. REUNION MUSICALE ALSACIENNE. 41 Mm. S. g. e.

1529 Desgleichen 1837. Eisenbahn Strassburg-Basel. Strecke Mülhausen u. Thann. Av. 2 Figuren. Rv. 2 Wappen. 41 Mm. Spätere Präge. Schön.

1530 Desgleichen 1838. Av. wie vorher. Rv. COMPAGNIE ANONYME — LOI DU 6 MARS 1838. Von Schlange umwundener Erdglobus. 41 Mm. Spätere Präge. Schön.

1531 Desgleichen 1841. Gleicher Av. Rv. 8 Zeilen. 41 Mm. S. g. e.

1532 Bronzemed. 1838 m. Bb. v. **Joh. Sturm** n. l. Rv. 11 Zeilen. 50 Mm. Schön.

1533 Grosse Bronzemed. 1840 m. Stadtans. u. d. Kleberdenkmal. E. 718. 59 Mm. S. schön.

1534 Desgl. 1861 (v. Wiener) mit äusserer u. innerer Ansicht d. Domes. 59 Mm. Schön.

1534bis Joh. **Guttenberg**. Hübsche kl. Med. Bb. u. Presse. Berst. S. 290. E. 709. 8 Gr.

1535 Dieselbe Medaille in Bronze. 24 Mm. Schön.

1536 Schöne Bronzemed. 1859. Concours Régional d'Agriculture. Kopf Napoleons n. l. Rv. Wappen. 50 Mm.

1537 Bronzemed. 1866. Tiers Ordre de St. François d'Assise. 32 Mm. S. g. e. — u. Schützenfestmed. 1869. Zinn. 38½ Mm. Z. g. e.

1538 Kl. Bronzemed. 1870 auf d. Belagerung. Kopf d. „Republik“ n. l. Rv. 10 Zeilen m. Umschr. 28 Mm. S. g. e.

1539 Schöne Bronzemed. 1875. Goldene Hochzeit von Alfred Baron **Renoüard de Bussierre** u. Louise Mélanie von **Coëhorn**. 12zeil. Inschr. u. 2 Wappen. 50 Mm.

1540 Schöne Bronzemed. 1877. Einzug des Kaisers Wilhelm. Die „Stadt“ unter Bogen zw. 4 Wappen. Rv. Der thronende Kaiser. 60 Mm.

1541 Viereck. Bronzemed. 1886. Kaiserparade. 25 Mm. — u. Zinnmed. 1890 Landwirthsch. Ausstellung. 33 Mm. S. g. e.

1542 Medaille 1889. Anwesenheit des Kaiserpaares. 2 versch. Grössen. Zus. 27 Gr. S. schön.

1543 **Thann.** Breiter Groschen 1499. 2 feld. Wappen im 6 Pass. Rv. St. Theobald stehend. B. 264. E. 2. S. g. e.

1544 2 Doppelvierer. Wappen u. langes Kreuz. E. 7. u. E. 5 Var. m. TANENSI. S. g. e.

1545 Rappenvierer. Wappen u. Blumenkreuz E. 9, aber ✠ MONET' ∗ NO' ∗ TANNENS ∗ u. ✠ SALVE ⁑ CRVX ∗ SANETA (sic!)

1546 Plappert. Wappen im 3Pass u. sitz. Heiliger. E. 11. m. THEOBALDVS. 2 St. G. u. s. g. e.

1547 Doppelbatzen 1621. Wappen im 6Pass. Rv. Sitz. Heiliger. E. 39. 2 Var. S. g. e.

1548 Desgleichen 1624. Das Wappen im 5Pass. E. 41. S. g. e.

1549 Batzen 1623. Wappen im 3Pass u. stehender Heiliger. B. 268a. E. 42. m. 1. 6. 23 u. EP: S. g. e.

1550 Kreuzer ✠ MO : NO : TANNENSIS 2feldiges Wappen in Perlenkreis. Rv. ✠ SALVE. CRVX. SANC : Blumenkreuz. E. 47. Schön.

Siehe Abbildung.

1551 Einseit. Pfennig. Schild m. 2 feld. Wappen in einem Kreise. Perlengrenetis. E. 48. 2 St. S. g. e.

1552 Jubilaeumsmed. 1861. Typus d. alten Batzen m. sitz. Heil. Zinn. 25 Mm. S. g. e.

1553 **Weinburg. Leopold Ludwig** v. d. Pfalz. Guldenthaler 1674. Bb. u. Wappen m. 2 Helmen. E. p. 238. S. g. e.

1554 **Weissenburg.** Stadt. Zwölfer 1626. B. 270. E. 29. S. g. e.

1555 2 Kreuzer 1630. B. S. 240 c. u. E. 37. S. g. e.

1556 **Weissenburg.** Abtei. **Bartholomaeus.** † 1316 (?) Schwarzpfennig. Burg zwischen B—A. Rv. **W** auf erhöhtem Viereck. Nicht im Berst. u. E. S. g. e. **Siehe Abbildung.**

1557 Ovale Medaille 1673. Feldzug d. Kurprinzen **Carl Emil** v. Brandenburg (gestorben 1674 in Strassburg) im Elsass. Behelmtes Bb. d. Prinzen n. r. Rv. DE COELO FORTITU-DO EST * Auffliegender Adler m. Schwert u. Palmzweig v. himmlischer Hand bekränzt. Ampach 10807. 30½ Gr. Leichte Henkelspur, sonst s. g. e.

1558 Gr. Bronzemedaillon auf die Ludwig XIV. v. 10 Elsäss. Städten 1662 geleistete Huldigung. E. p. 263. 2. aber v. Molart, m. CHRISTIANISSIMVS u. and. Var. 72 Mm. Neuere Präge. S. schön.

1559 2 Bronzemed. 1675. Siege über 60000 Deutsche. v. L. III. 161. Var. — u. 1744. VINDEX ALSATIÆ. 42 Mm. Neuere Präge. Schön.

1560 Med. (1842) Société départementale d'Agriculture du Haut-Rhin. Kopf Louis Phil. n. l. Rv. Kranz u. eingravirte Inschrift. 60 Gr. S. g. e.

1561 Aehnl. kleinere Med. in Bronze. 37 Mm. S. g. e.

1562 Bronzemed. 1867. Département du Haut-Rhin. Concours Régional-Exposition Hippique. Kopf Napol. III. n. l. Rv. Kranz. 51 Mm. S. schön.

1563 Wallfahrtsmed. mit d. SANCTVAIRE DE NE. DE. DES TROIS ÉPIS. Rv. N. D. MIRACULEUSE — AUX TROIS ÉPIS Bronze. 32½ Mm. S. g. e.

1564 2 versch. Zinnmed. 1848. Jubelfeier d. Vereinigung d. Elsasses m. Frankreich. 25 u. 28 Mm. G. u. s. g. e.

1565 3 versch. Zinn- u. Bronzemed. auf das Kaisermannöver 1886. 39, 27 u. 21 Mm. S. g. e.

1566 Bronzemed. o. J. Association des Gymnastes Alsaciens. Steh. Figur. Rv. Kranz. 42½ Mm. Schön.

1567 Unbestimmte Elsässer Mittelaltermünzen. Sitz. Abt n. l. Rv. Kirche, in deren Portal ein Rad. E. 65, pl. 44. 8. 2 Var. S. g. e.

1568 Desgleichen. Segnender Abt bis an d. Leib n. l. Rv. Wie Voriger. E. 66, pl. 44. 14. 4 St. S. g. e.

1569 Desgleichen. Bb. m. Krummstab n. r., vor dems. eine kl. Figur m. Buch. Rv. Lamm auf einem Portal. E. 81 (3) u. 82. S. g. e.

1570 Desgleichen. Segnendes Bb. n. l. Rv. Engel n. l. E. 92 pl. 44.24. S. g. e.

1571 Desgleichen. Bb. (?) Rv. Thurm u. 2 Kreuze auf Portal nebst unbest. Halbbracteat.

Numismatische Bibliothek.

1572 **Bahrfeldt.** Die Münzen der Stadt Stade. Wien 1879. 4 Tafeln. — **Bohl.** Abbildungen der Trierischen Münzen. 10 Tafeln. Hannover 1837. 1 Halbfrzbd.
1573 **Bauer.** Neuigkeiten für Münzliebhaber. Nürnberg 1764. 1 Band. Halbleinw.
1574 **Berg,** Adam. New Müntz-Buch. München 1597. Fol. Pappbd. Die Goldmünzen gelblich colorirt. S. g. e.
1575 **Berstett.** Versuch einer Münzgeschichte des Elsasses. Mit Nachtrag. (ex libris William Wrixon Leycester). 17 Tafeln. Halbleinen geb. S. g. e.
1576 — Münzgeschichte des Zähringen-Badischen Fürstenhauses etc. 49 Tafeln u. Karte. Freiburg 1846. Halbleinen geb. Einige Wasserflecken, sonst schön.
1577 **Bode.** Das ältere Münzwesen der Staaten u. Städte Niedersachsens. Braunschweig 1847. 10 Tafeln. Halbfrz. Schön.
1578 **Bretfeld-Chlumczanzky.** Verzeichniss s. Münzen- u. Med.-Sammlung. Versteig. Wien 1841. 8° Pppbd. Schön.
1579 **Canturani.** La scienza delle medaglie antiche e moderne. Venedig 1728. 8° Lederband.
1580 **Cappe.** Die Münzen der Herzoge von Baiern etc. aus d. 10ten u. 11ten Jahrhundert. Dresden 1850. 8 Tafeln. Halbfrz. Schön.
1581 **Chijs.** P. O. v. d. De Munten der Hertogdommen Braband en Limburg: der Graven en Hertogen van Gelderland: der Heeren en Steden van Gelderland: van Overyssel: van Friesland, Groningen en Drenthe: van Holland en Zeeland: der Bisschoppen etc. van Utrecht: der Leenen van Braband en Limburg: der frankische en duitsch-nederlandische Vorsten. Haarlem 1851—66. Mit vielen Tafeln. 9 Bände. Gr. 4°. brochirt. S. g. e.
1582 **Cinagli.** Le monete de' Papi. Fermo 1848. 4 Tafeln. Folio. broch. S. g. e.
1583 **Cuno.** Der gar zu gemein werdende Betrug unter denen Reichsthalern. Hamburg 1702. 8° Lederband. S. g. e.
1584 **Dassy.** Auctions-Catalog. (Franzosen). Paris 1869. Halbleinwbd.
1585 **Dewerdeck.** Silesia numismatica. Jauer 1711. Mit vielen Kupfern. 4° Lederband. Goldschnitt. 1 Tafel zerrissen, sonst gut erh.
1586 **Dudik.** Des hohen deutschen Ritterordens Münzsammlung. Wien 1858. 22 Tafeln. Fol. Halbleinen geb. Schön.
1587 **Garthe.** Auctions-Catalog. Köln 1884. Pappbd. Schön.
1588 **Gnecchi.** F. u. E. Le Monete dei Trivulzio. Mailand 1887. 13 Tafeln etc. 4°. Unaufgeschnitten.
1589 **Goetz.** Deutschlands Kayser-Münzen des Mittelalters. 54 Tafeln. Halbleder geb. S. g. e.
1590 **Haller.** Schweizerisches Münz- und Medaillenkabinet. Bern 1780 u. 81. 2 Pppdbde. Schön erh.
1591 **Hessen,** Prinz Alex. v., Mainzisches Münzcabinet. Darmst. 1882. Gr. 8°. Lederbd. Schön.
1592 — Das Heiligenberger Münzcabinet. 3 Theile in 1 Band. Darmst. 1854—62. 8°. S. g. e.
1593 **Hoffmann.** Alter und neuer Müntzschlüssel. Nürnberg. 1683. Lederbd. S. g. e.
1594 — Gründlicher und ausführlicher Bericht etc. Nürnberg. 1680. Pappbd.
1595 — Dasselbe. Halblederband. Schön.
1596 **Hoffmeister.** Beschreibung der Hessischen Münzen. Med. u. Marken. 4 Theile in 3 schönen Halbleinwand-Bänden. Mit 8 Tafeln. Cassel u. Hannover 1857—80.
1597 **Huber u. Karabacek.** Numismatische Zeitschrift. IIIter Band 1871, 2te Hälfte. 3 Tafeln. Pappbd. Schön.
1598 **Joachim.** Das neu eröffnete Münzcabinet. Nürnberg 1761—73. 4 Halbfrz.-Bände. 4°. S. g. e.
1599 **Jonghe.** (de). Bruxelles 1860. — **Lacroix.** Paris 1888. 2 Auctions-Cataloge in 1 Halbleinw.-Bd. Schön.
1600 **Joseph.** Paul. Der Bretzenheimer Goldguldenfund. Mainz 1883. 2 Tafeln. broch.

1601 **Joseph.** Paul. Goldmünzen der XIV. und XV. Jahrhunderts. Disibodenberger Fund. Frankfurt 1882. Gr. 8⁰. Broch.
1602 **Lucius.** Neuer Müntz-Tractat von approbirten und devaluirten Guldinern. Nürnberg und Leipzig 1691. Halblederbd. S. g. e.
1603 **Ludewig.** Einleitung zu dem teutschen Müntzwesen mittlerer Zeit. Halle 1709. Pappbd. S. g. e.
1604 **Merle** (von). Beschreibung s. Köllnischen Münzsammlung. Köln 1792. Pappband. Schön.
1605 **Meyer,** Ad. Die Münzen der Stadt Dortmund. Wien 1883. 7 Tafeln. Pappbd. Schön.
1606 **Mieris,** v. Beschrijving der Bisschoplijke Munten en Zegelen van Utrecht. Leyden 1726. Halblederbd. S. g. e.
1607 **Mittheilungen** der numismatischen Gesellschaft zu Berlin. 1846—57. 3 Hefte in 1 schönen Halblederbd.
1608 **Monnier.** Monnaies lorraines. Auctions-Catalog. Paris 1874 mit Preisen. Halbleinwbd. Schön.
1609 **Morin.** H. Numismatique féodale du Dauphiné. Paris 1854. Mit 23 Tafeln. 4⁰. Etwas fleckig, sonst s. g. e.
1610 **Patin.** Introduction à la connoissance des médailles. Paris 1667. Lederband. S. g. e.
1611 **Praun.** Gründliche Nachricht von dem Münzwesen. Leipzig 1784. 8⁰. Schöner Pappbd.
1612 **Remarques,** historische, über die neuesten Sachen in Europa. Hamburg 1699—1707. 9 Bände klein 4⁰. Pppbd. m. Lederrücken. (8ter Band ohne Titelblatt). G. e.
1613 **Renesse-Breitbach.** Histoire numismatique de l'évêché et principauté de Liége. 78 Tafeln. Bruxelles 1831. Halblederband 8⁰. Schön.
1614 **Riccio.** Descrizione e tassa delle monete di città antiche. Napoli 1852. 4⁰. Broch. S. g. e.
1615 — Familienmünzen 1. Auflage Neapel 1836. 4⁰. Mit 46 Tafeln. S. g. e.
1616 **Rollin u. Feuardent.** Catalog über griech. Münzen. 1864. Klein 8⁰. Die letzten Seiten von 647 bis 655, sowie das Register fehlen, sonst s. g. e.
1617 **Sammlung** (auserlesene) von allerhand alten und raren Speciesthalern etc. Auf 36 Tafeln. Hamburg 1739. Klein 4⁰. Lederband. S. g. e.
1618 **Schlegel.** De nummis antiquis Gothanis, Cygneis etc. 4 Tafeln. Frankfurt u. Leipzig 1717. Pappbd. S. g. e.
1619 **Schmieder.** Handwörterbuch der gesammten Münzkunde. Halle 1811. Pappbd. Schön.
1620 **Sedlmaier.** Münzenfund bei Saulburg. Landshut 1854. 5 Tafeln. Pppbd. S. g. e.
1621 **Schnobel.** Lübeckisches Münz- und Medaillencabinet. Lübeck 1790. Broch. S. g. e.
1622 **Streber.** Die ältesten Münzen der Grafen von Hohenlohe. 1 Tafel. 4⁰. Broch., unaufgeschnitten.
1623 — Die ältesten in Koburg und Hildburghausen geschlagenen Münzen. 2 Tafeln. 4⁰ broch. S. g. e.
1624 **Widmer.** Domus Wittelsbachensis numismatica. München-Ingolstadt 1784—85. 4 Theile in 4 Pppbdn. S. g. e.
1625 **Will.** Nürnbergische Münzbelustigungen. 3 Theile in 1 Band. Altdorf 1764—66. Pppbd.
1626 **Zepernick.** Capitels- und Sedisvacanzmünzen etc. 16 Tafeln. 4⁰. Halbleder geb. S. g. e.
1627 Pappbd. 8⁰ enthaltend: Vollständ. Thaler-Cabinet. Königsberg 1747. — Faber: Entwurf einer numismatischen Kenntniss der europäischen Staaten. Frankfurt u. Leipzig 1750. — Catalogus von Theils alten raren Griechisch und Römischen Muntzen etc. 1746.
1628 Convolut von 35 Münz- u. Bücher-Catalogen.

1315

1460

415

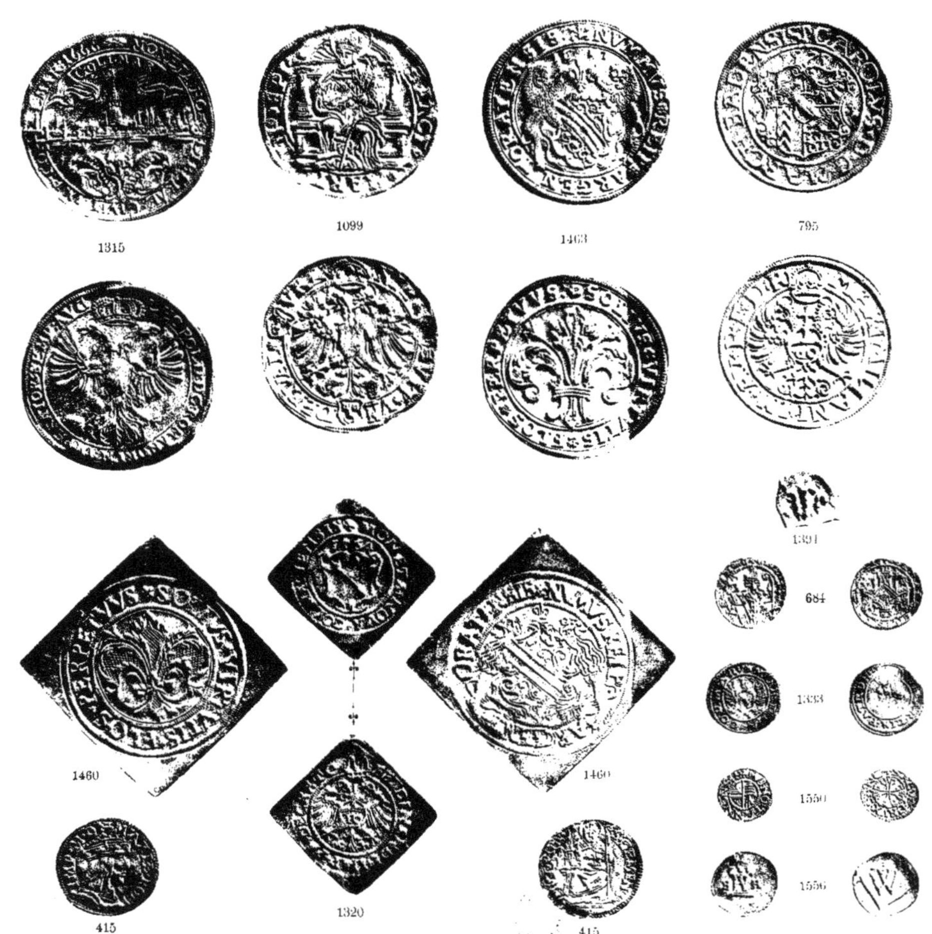

Lichtdruck von Kohl & Co., Frankfurt a. M.

www.ingramcontent.com/pod-product-compliance
Ingram Content Group UK Ltd.
Pitfield, Milton Keynes, MK11 3LW, UK
UKHW020948180726
13838UKWH00003B/1194